中华译学倡言倡字与

以中华为根 译与学并重

弘扬优秀文化 促进中外交流

拓展精神疆域 驱动思维创新

丁酉年冬月许钧撰 罗卫东书

"十四五"时期国家重点出版物出版专项规划项目

中華譯學館·中华翻译研究文库

许 钧 ◎ 总主编

翻译基本问题探索

关于翻译与翻译研究的对谈

刘云虹 许 钧 ◎ 著

ZHEJIANG UNIVERSITY PRESS
浙江大学出版社
· 杭州 ·

图书在版编目（CIP）数据

翻译基本问题探索：关于翻译与翻译研究的对谈 / 刘云虹，许钧著. — 杭州：浙江大学出版社，2024.6
（中华翻译研究文库 / 许钧总主编）
ISBN 978-7-308-25054-2

Ⅰ. ①翻… Ⅱ. ①刘… ②许… Ⅲ. ①翻译—研究 Ⅳ. ①H059

中国国家版本馆 CIP 数据核字（2024）第 110177 号

中华译学馆 莫言题

翻译基本问题探索：关于翻译与翻译研究的对谈

刘云虹　许　钧　著

出 品 人	褚超孚
丛书策划	陈　洁　包灵灵
责任编辑	包灵灵
责任校对	田　慧
封面设计	程　晨
出版发行	浙江大学出版社
	（杭州天目山路 148 号　邮政编码 310007）
	（网址：http://www.zjupress.com）
排　　版	浙江大千时代文化传媒有限公司
印　　刷	杭州高腾印务有限公司
开　　本	710mm×1000mm　1/16
印　　张	16
字　　数	160 千
版 印 次	2024 年 6 月第 1 版　2024 年 6 月第 1 次印刷
书　　号	ISBN 978-7-308-25054-2
定　　价	68.00 元

浙江大学出版社市场运营中心联系方式：0571-88925591；http://zjdxcbs.tmall.com

总　序

改革开放前后的一个时期，中国译界学人对翻译的思考大多基于对中国历史上出现的数次翻译高潮的考量与探讨。简言之，主要是对佛学译介、西学东渐与文学译介的主体、活动及结果的探索。

20世纪80年代兴起的文化转向，让我们不断拓宽视野，对影响译介活动的诸要素及翻译之为有了更加深入的认识。考察一国以往翻译之活动，必与该国的文化语境、民族兴亡和社会发展等诸维度相联系。30多年来，国内译学界对清末民初的西学东渐与"五四"前后的文学译介的研究已取得相当丰硕的成果。但进入21世纪以来，随着中国国力的增强，中国的影响力不断扩大，中西古今关系发生了变化，其态势从总体上看，可以说与"五四"前后的情形完全相反：中西古今关系之变化在一定意义上，可以说是根本性的变化。在民族复兴的语境中，新世纪的中西关系，出现了以"中国文化走向世界"诉求中的文化自觉与文化输出为特征的新态势；而古今之变，则在民族复兴的语境中对中华民族的五千年文化传统与精华有了新的认识，完全不同于"五四"前后与"旧世界"和文化传统的彻底决裂与革命。于是，就我们译学界而言，对翻译的思考语境发生了根本性的变化，我们对翻译思考的路径和维度也不可能不发生变化。

变化之一，涉及中西，便是由西学东渐转向中国文化"走出去"，呈东学西传之趋势。变化之二，涉及古今，便是从与"旧世界"的根本决裂转向对中国传统文化、中华民族价值观的重新认识与发扬。这两个根本性的转变给译学界提出了新的大问题：翻译在此转变中应承担怎样的责任？翻译在此转变中如何定位？翻译研究者应持有怎样的翻译观念？以研究"外译中"翻译历史与活动为基础的中国译学研究是否要与时俱进，把目光投向"中译外"的活动？中国文化"走出去"，中国要向世界展示的是什么样的"中国文化"？当中国一改"五四"前后的"革命"与"决裂"态势，将中国传统文化推向世界，在世界各地创建孔子学院、推广中国文化之时，"翻译什么"与"如何翻译"这双重之问也是我们译学界必须思考与回答的。

综观中华文化发展史，翻译发挥了不可忽视的作用，一如季羡林先生所言，"中华文化之所以能永葆青春"，"翻译之为用大矣哉"。翻译的社会价值、文化价值、语言价值、创造价值和历史价值在中国文化的形成与发展中表现尤为突出。从文化角度来考察翻译，我们可以看到，翻译活动在人类历史上一直存在，其形式与内涵在不断丰富，且与社会、经济、文化发展相联系，这种联系不是被动的联系，而是一种互动的关系、一种建构性的力量。因此，从这个意义上来说，翻译是推动世界文化发展的一种重大力量，我们应站在跨文化交流的高度对翻译活动进行思考，以维护文化多样性为目标来考察翻译活动的丰富性、复杂性与创造性。

基于这样的认识，也基于对翻译的重新定位和思考，浙江大学于 2018 年正式设立了"浙江大学中华译学馆"，旨在"传承文化之脉，发挥翻译之用，促进中外交流，拓展思想疆域，驱动思想创新"。中华译学馆的任务主要体现在三个层面：在译的层面，推出包括文学、历史、哲学、社会科学的系列译丛，"译入"与"译出"互动，积极参与国家战略性的出版工程；在学的层面，就翻译活动所涉及的重大问题展开思考与探索，出版系列翻译研究丛书，举办翻译学术会议；在中外文化交流层面，举办具有社会影响力的翻译家论坛，思想家、作家与翻译家对话等，以翻译与文学为核心开展系列活动。正是在这样的发展思路下，我们与浙江大学出版社合作，集合全国译学界的力量，推出具有学术性与开拓性的"中华翻译研究文库"。

积累与创新是学问之道，也将是本文库坚持的发展路径。本文库为开放性文库，不拘形式，以思想性与学术性为其衡量标准。我们对专著和论文（集）的遴选原则主要有四：一是研

究的独创性，要有新意和价值，对整体翻译研究或翻译研究的
某个领域有深入的思考，有自己的学术洞见；二是研究的系统
性，围绕某一研究话题或领域，有强烈的问题意识、合理的研
究方法、有说服力的研究结论以及较大的后续研究空间；三是
研究的社会性，鼓励密切关注社会现实的选题与研究，如中国
文学与文化"走出去"研究、语言服务行业与译者的职业发展
研究、中国典籍对外译介与影响研究、翻译教育改革研究等；
四是研究的（跨）学科性，鼓励深入系统地探索翻译学领域的
任一分支领域，如元翻译理论研究、翻译史研究、翻译批评研
究、翻译教学研究、翻译技术研究等，同时鼓励从跨学科视角
探索翻译的规律与奥秘。

　　青年学者是学科发展的希望，我们特别欢迎青年翻译学者
向本文库积极投稿，我们将及时遴选有价值的著作予以出版，
集中展现青年学者的学术面貌。在青年学者和资深学者的共同
支持下，我们有信心把"中华翻译研究文库"打造成翻译研究
领域的精品丛书。

许　钧

2018 年春

前　言

记得在本科三四年级开始接触翻译和翻译理论后不久，我对翻译批评产生了兴趣，正式发表的第一篇学术论文就是关于《高老头》两个译本的对比分析与评价，题目叫《试论文学翻译中的译者要素——兼评〈高老头〉的两个译本》。本科毕业后，我师从许钧教授继续硕士和博士阶段的学习，所选择的研究领域是文学翻译批评，硕士学位论文聚焦文学翻译批评的多元功能，博士学位论文围绕文本意义与文学翻译批评展开探索。后来，在国家社科基金项目、教育部"新世纪优秀人才"支持计划和江苏省社科基金项目的资助下，我对翻译批评的本质、价值、标准、原则、功能与批评精神进行了较为全面的思考，力求为翻译批评理论的系统性构建做出贡献。可以说，我一直以来主要从事的是翻译批评研究。2013 年，我的第一个国家社科基金项目"翻译批评研究"（项目编号：07CYY003）顺利结项，并被鉴定为"优秀"，《翻译批评研究》一书也得以完成。就我本人而言，翻译批评研究取得了一定的阶段性成果。作为一个翻译批评学者，我不仅要致力于翻译批评的理论探索，也要密切关注翻译与翻译批评的现实，只有清醒认识翻译批评的现状，才有可能进一步把握翻译批评的核心问题，推进翻译批评在理论与实践两个方面的发展。因此，在完成"翻译批评研究"项目后，我有意识地对翻译批评实践给予更多关注。不难发现，那时的翻译批评相较于 21 世纪初并没有根本改变，在很大程度上仍处于缺席和失语的状态，对翻译实践中重大现实问题的介入、对涉及翻译的根本性问题的关注都显得不足。这促使我对翻译批评的价值与发展进行反思：翻译批评的必要性究竟体现在哪里？翻译批评长期发展滞后的原因是什么？翻译批评如何才能科学地、理性地开展？翻译批评在新的历史时期应该担负起怎样的责任、彰显出怎样的价值？

正是这些思考和疑问，让我萌发了就翻译批评向老师请教的想法。许钧教授一向重视学术交流，深信学术对话是一种很好的交流形式。他不仅欣然接受了访谈的要求，还建议将"访谈"改为"对谈"，希望我既提出有价值的问题，又能真正参与对话，从而以深入的学术互动激发新见。本书收录的对谈中，最早的那一篇《翻译批评与翻译理论建构——关于翻译批评的对谈》便因此诞生，并发表于《外国语》2014 年第 4 期。无论就国内还是国外译学界而言，许钧教授都是翻译批评领域最早的探索者之一，也是始终关注翻译批评理论建设、积极开展翻译批评实践的坚定的在场者。在这篇关于翻译批评的对谈里，他针对上述问题提出了很多真知灼见，并着重谈到批评者的介入立场与历史目光，以及翻译批评对翻译理论的建构作用。他特别强调，翻译批评者不仅要作为在场者时时关注翻译活动，更要有充分的问题意识和理论敏感性，唯有如此，方能推动翻译事业的繁荣有序发展，并促使翻译批评与翻译理论之间建立积极的互动关系。这些重要观点深深触动了我，也启发了我。

正如老师所说，翻译研究首先要从实际出发，要聚焦翻译问题。此后的约 10 年间，我们又陆续进行了 5 次对谈，这些交流都针对翻译和翻译研究的基本问题展开，具有明确的问题导向。在新的历史时期，翻译活动的路径、形式、内容和目标等方面发生了重大变化，引发了译学界对翻译核心问题的探讨与反思，重新定位和定义翻译成为翻译学者们普遍关注的一个焦点。要科学定位翻译，必然要思考并回答"什么是翻译"的问题，其关键在于对翻译本质的认识与把握。鉴于此，我们就翻译本质进行了一次对谈。许老师肯定了他在《翻译论》中就翻译本质特征所做的分析，认为社会性、文化性、符号转换性、创造性和历史性这五个方面的根本属性构成了翻译活动的本质特征。他特别强调翻译的符号转换性，提出，"把握翻译的本质，首先必须对翻译的符号转换性这一翻译活动的最根本特征有明确认识"①。在他看来,"作为人类存在的根本方式之一,翻译始终是一种建构性力量,与人类及其社会、经济、文化发展形成互动的关系"②,译学界应真正认识到这一点并在此基础上对翻译进行定位。许老师一直主张翻译研究要体现历史性和开放性,我们就此进行了着重探讨,提出只有从历史发展与文化交流的高度,以历史的目光和开放的视野来把握翻译本质,才能更深刻地认识翻译活动的丰富性、复杂性和创造性。

在新的时代语境下,翻译迎来了自身发展的有利时机,也面临着严峻挑战。科学定位翻译,不仅要深入思考翻译本质,也要对翻译的价值与功能有正确认识。鉴于此,许老师和我围绕翻译价值展开了一次对谈,交流中我们同样聚焦翻译基本问题,对翻译的沟通、建构和语言服务功能进行了讨论,特别深入探讨了如何在翻译职业化发展以及中国文学文化"走出去"的时代背景下深刻认识与把握翻译的价值。老师认为,要把握翻译价值,必须区分翻译的精神性和物质性,尤其要注意并警惕对翻译的工具性定位和单向性定位的倾向。针对学界在中国文学外译相关探讨中存在的一些模糊认识和带有功利性的观点,他明确指出,"把翻译活动看作一种单向性的活动,只重输出或只重接受,而没有真正以文化双向平等交流为根本目标来思考相关翻译问题,这一点在中国文学外译与传播中表现得较

---

① 本书第 15 页。
② 本书第 15 页。

为明显，并导致了某些狭隘、功利和单向性的翻译观念与翻译行为"①。为此，我们主张"要从翻译具有的社会、文化和创造等多元价值出发，从中国文化走向世界、与异域的他者文化进行平等交流与对话的诉求出发，以历史的目光、发展的立场和开放的视野，对中国文化'走出去'这一时代语境下的文学译介问题进行全面而深刻的反思"②。

翻译在自我与他者之间建立联系，力求促进多元文化的相互了解与融合。从本质来看，翻译过程中遭遇的许多问题、困境和矛盾都是伦理层面的。伦理问题既是翻译的基本问题，也是翻译的核心问题，对中外文明交流互鉴语境下的中国文学与文化外译活动而言具有重要的现实意义。在关于翻译伦理的对谈中，我们首先探讨了如何看待翻译中的"异"这个问题。翻译可谓一场"异"的考验，其缘起和根本任务都在于一个"异"字，也就是说翻译一方面要克服差异，另一方面又要表现差异，从而构建一种以对话和共生为特征的自我与他者关系，推动自我的发展和丰富。因此，诚如许老师所言，"无论从翻译的沟通与交流的根本属性来看，还是就翻译维护文化多样性的历史责任而言，对他者的尊重、对异质性的保留与传达，都是翻译伦理的本质诉求"③。中国文化"走出去"不是一种单向行为，而

①　本书第44页。
②　本书第45页。
③　本书第38页。

是民族文化与世界多元文化间的双向互动，在此进程中，对翻译伦理的守护具有一种本质意义。针对当下中国文学外译相关讨论中某些亟待进一步澄清的观点，我们立足翻译活动的阶段性和动态发展性，特别强调，文学译介不能把一时的变通当作永恒的价值追求。

译者处于翻译活动的中心位置，对翻译结果以及文学译介与传播效果起着决定性作用。在翻译活动日益丰富也日趋复杂的今天，译学界不应忽视作为翻译主体的译者，尤其是为中外文化交流与文明互鉴做出重要贡献的优秀翻译家。许钧老师在不同场合多次提出，要加强翻译家研究、深化翻译主体性探索。不仅如此，许老师还主编了"中华译学馆·中华翻译家代表性译文库"和"中华译学馆·中华翻译研究文库"，并在《中国翻译》主持《译家研究》栏目，身体力行地积极推进翻译家研究。我的第二个国家社科基金项目聚焦"中国文学外译批评研究"（项目编号：16BYY009），在推进该项目过程中，我也对中外翻译家有较多关注，着重考察了中国文学外译背景下雷威安、葛浩文和杜特莱等翻译家的翻译观念与翻译行为。鉴于翻译家研究的重要性，我们专门就如何加强翻译家研究进行了交流与探讨。在对谈里，老师首先强调要重新认识翻译家的在场，实际上，"无论隐身幕后还是走向前台，无论被忽略还是受重视，在中华文明发展、中外文化交流的历程中，翻译家始终在场"①。以此为基础，译学界应从历史性这一翻译根本属性出发，立足历史语境，真正从时代可能性与历史价值层面来认识翻译家的选择与行为，进而对翻译家的历史贡献做出积极、合理的评价。同时，历史性地评价翻译家，也有助于揭示翻译的动态发展过程及其超越时空局限、不断寻求自身成长的可能性。对翻译家展开研究，翻译方法的运用与文本转换的结果固然是考察和评价的重要内容，但我们同样必须重视对翻译过程的探析、对翻译家精神世界的探索。结合对傅雷翻译研究的切身体会，许老师指出，研究一个翻译家，"就必须深入其精神世界，了解他的喜好、他的立场、他的动机、他的选择和他的追求"②，因为这些因素贯穿并作用于翻译过程，不仅深刻影响着翻译家的行为，更决定着翻译的生成。

近些年来，翻译活动空前繁荣，学界不断深化对翻译的思考，推进中国翻译研究的创新性探索。许老师长期致力于翻译研究，对翻译理论创新有很多思考。例如，2012年，在《翻译研究之用及其可能的出路》一文中，他提出，要进行翻译理论创新，必须处理好几对关系：首先是理论引进与本土化的关系，其次是传统与创新的关系，最后是继承与发展的关系。③又如，

---

① 本书第 76 页。
② 本书第 88 页。
③ 许钧. 翻译研究之用及其可能的出路. 中国翻译，2012(1)：9-10.

2019 年，在《当下翻译研究的困惑与思考》一文中，他深入剖析了当下翻译研究的理论焦虑症，指出在探求新理论的过程中有两个特别值得注意的方面：一是任何理论创新都必须有其思想基础；二是任何理论创新都需要与翻译问题有直接的联系。①在关于翻译研究的对谈中，我们围绕翻译研究的实践基础、问题意识、理论支撑和方法保障等方面展开探讨，提出进行翻译研究，既要从实际出发去真正发现并思考问题，也要积极拓宽学术视野，合理运用多学科理论资源，以深化翻译理论探索，同时还必须增强研究方法的科学性。方法之于研究的重要意义不言而喻，谈及此方面，老师强调，"应特别警惕几种情况：一是方法在先，不问研究对象，导致方法和研究内容脱节；二是方法选择不当，难以切中研究问题的要害；三是过于倚重方法，忽视思想与观点的呈现"②。这就是说，要选择科学的方法并加以科学使用，才能保障翻译研究的合理性与有效性。

除了 6 篇对谈之外，本书另收录了 4 篇文章。在追随许钧教授进行翻译研究的过程中，我不断研读老师的理论著作、领会老师的学术思想，这些文章便是学习的感悟和收获，可以说同样具有对话性质。《对话与共生——试析许钧关于中华文化译介的思考》从翻译的文化价值与开放精神出发，探析许钧老师

---

① 许钧. 当下翻译研究的困惑与思考. 东北师大学报（哲学社会科学版），2019(3)：1-3.
② 本书第 138 页。

近年来关于中华文化外译的深入思考，指出以翻译推动中外文化交流、互鉴与共生这一价值取向是其基本出发点和根本目标。《在场与互动——试析许钧关于翻译批评的思考与实践》聚焦许钧老师在翻译批评领域的思考与实践，从在场与介入、多维的互动两个方面加以梳理和分析，力求展现一位清醒的翻译批评者的探索精神、自觉追求和历史责任感，促进翻译批评真正发挥其监督、引导和建构作用。《中西翻译批评研究的共通与互补——以许钧和安托万·贝尔曼为例》以许钧和安托万·贝尔曼（Antoine Berman）这两位中西翻译批评研究领域的代表性人物的理论成果为例，梳理中西翻译批评研究的共性与特性，并在此基础上揭示翻译批评研究的核心问题，把握翻译批评的价值与使命。《翻译研究的创新与求真——〈关于翻译的新思考〉评析》基于对许钧《关于翻译的新思考》一书的细读，剖析其理论层面的探索性与思想层面的引领性，并借以表明翻译研究应以求真为根本目标，在传承与坚守中不断创新。

于我而言，本书所带来的不仅是对翻译基本问题的重新审视、对翻译与翻译研究的深入思考，更是一种精神的启迪。在我心目中，老师是翻译真理的探索者，是翻译思想的引领者，也是翻译精神与价值的守护者。这探索、引领与守护，不仅出于学者高度的理论自觉，更源自一份对翻译真挚的热爱。法国翻译家、翻译理论家安托万·贝尔曼曾说："翻译的真理在于满溢的爱。"①
对老师而言，这句话应该再加上法国哲学家阿兰·巴迪欧对爱
的诠释作为注解。在巴迪欧的事件哲学中，爱是真理的条件之
一，而作为真理条件的爱"不再简单的只是相遇和两个个体之
间的封闭关系，而是一种建构，一种生成着的生命"②。翻译是
一个不断向他者敞开的生成过程，无论是翻译实践，还是翻译
理论思考，都需要开放的精神，需要爱的建构力量。

　　以上 10 篇文章已在《中国翻译》《中国外语》《外国语》《外
语界》等学术期刊发表，收入本书时内容略有调整，在此谨向
以上期刊表示衷心感谢。同时，也要感谢学术道路上所有鼓励
我、支持我、帮助我的师长和朋友。最后，特别感谢许钧教授
多年以来的教导和指引，老师不只教会我如何做翻译和翻译研
究，更让我懂得探索无止境，一个真正的学者应以思考和研究
为生命底色，坚守初心，不断超越自己。

　　愿以这本小书为新的起点，在翻译和翻译研究之路勇往直前。

刘云虹

2024 年 2 月 3 日

---

① Berman, A. *Jacques Amyot, traducteur français—Essai sur les origines de la traduction en France.* Paris: Editions Belin, 2012: 245.
② 阿兰·巴迪欧. 爱的多重奏. 邓刚，译. 上海：华东师范大学出版社，2012：61.

目　录

上　编

下　编

上　编

无论是语言翻译，还是图像翻译，翻译都具有转换性和建构性。从形式上看，翻译是一种"转换"；从目标上看，翻译是一种"建构"。这些本质特征是亘古不变的，目前没有改变，未来也不会改变。

如何把握翻译的丰富性、复杂性与创造性？

——关于翻译本质的对谈

一、认识翻译：翻译研究的出发点

刘云虹：许老师，您好！在近期的翻译研究中，中国文学的外译与传播可以说是一个非常重要的话题，不仅得到了广泛关注，还引发了学界对翻译活动中涉及的一些根本性问题的讨论和反思。由此，加之翻译路径、形式、内容和目标在新的历史语境中发生了变化，这段时间，译学界不时可以听到更新翻译观念、重新定位和定义翻译的呼声。2015 年 3 月，由《中国翻译》和《东方翻译》杂志发起主办的"何为翻译？——翻译的重新定位与定义"高层论坛对这一呼声做出了积极回应，与会学者从不同角度就重新界定翻译的问题进行了深入思考和探讨。《中国翻译》2015 年第 3 期以《何为翻译——翻译的重新定位与定义专题论坛》为题，设立专栏，刊登了论坛部分学者根据各自发言内容撰写的专稿，在翻译研究领域产生了一定的影响，其中不乏重要且有代表性的观点，如仲伟合认为"重新为翻译定义和定位，应充分考虑翻译的特征、翻译的作用、翻译的本质、翻译活动及翻译学科发展出现的变化"①，王宁提出应从"跨学科和视觉文化的视角"②重新界定翻译，谢天振强调"现行翻译定义已落后于时代的发展"③，呼吁结合当下的历史语境，对翻译进行重新定位和定义。其实，自从莫言获诺贝尔文学奖及葛浩文的翻译在学界引发普遍关注以来，随着翻译观念、翻译方法等翻译根本性问题成为中国文化"走出去"背景下各方热议和争论的焦点话题，部分学者和媒体就对以"忠实"为原则的翻译观念提出了疑问，并呼吁"要尽快更新翻译观念"④。作为国内翻译研究领域最重要的学者之一，您对翻译与翻译问题一直有深刻的思考，对译学界的这些观点非常关注，也参加了 2015 年 3 月的高层论坛，并在《中国翻译》上发表了题为《关于新时期翻译与翻译问题的思考》的重要文章。那么，在您看来，从"更新翻译观念"到"重新定位与定义翻译"，传统的翻译认识似乎正遭遇有力挑战，这

---

① 仲伟合. 对翻译重新定位与定义应该考虑的几个因素. 中国翻译，2015(3)：10.

② 王宁. 重新界定翻译：跨学科和视觉文化的视角. 中国翻译，2015(3)：12.

③ 谢天振. 现行翻译定义已落后于时代的发展——对重新定位和定义翻译的几点反思. 中国翻译，2015(3)：14.

④ 谢天振. 从译介学视角看中国文学如何走出去. 中国社会科学报，2013-11-04(B02).

是不是意味着尽管近 30 年来我们对翻译的认识不断深入，当前的翻译研究和翻译学科构建仍然面临着如何认识自身、理解自身的问题？

许钧：对任何学科而言，不断认识自身和理解自身永远是其发展的必然基础和原动力，翻译研究也不例外。我们知道，翻译不仅历史悠久，而且形态多样、内容丰富，从早期的佛经翻译，到近代的西学翻译，再到新时期的各类文学、社科、时政、商贸与技术翻译，从被视为"正宗"的全译，到编译、节译、译述等种种"变译"，翻译活动呈现出丰富的形式与内涵。所以，对翻译的理解、对翻译活动复杂性的认识没有也不可能一劳永逸地完成，而必须在翻译研究的不断发展中才能逐步得以深化。进入新世纪以来，随着全球化进程的加快与科学技术的发展，翻译活动不仅形式更为多样，内涵也更为丰富。尤其是在中国文化"走出去"的国家战略之下，翻译的路径和目标也发生了重要变化：在实践层面，译入翻译占主导地位的局面已经改变，根据中国翻译协会的统计数据，从 2011 年起"中译外"的比例超过了"外译中"，2014 年"中译外"的比例超过了 60%；在研究层面，以往对翻译的探讨很大程度上基于对我国翻译史上三次翻译高潮的考察与反思，而现在，翻译界越来越关注从译入翻译转向译出翻译。不难看出，作为人类跨文化交流的重要活动，翻译随着社会的发展和交流的深入而在路径、形式、内容、对象、手段和目标等诸多层面都日益彰

显其丰富性与复杂性，对我们传统的翻译认识提出了挑战。这
应该说是目前翻译研究面临的一个客观现实。因此，如何应对
挑战，应对时代发展给翻译带来的变化、提出的要求，也就成
为翻译界必须直面的重要问题。针对新时期翻译活动呈现出
的新特点、遭遇到的新问题，译学界不断进行思考，力求在深
化翻译认识的基础上，对深入理解翻译、科学定位翻译提出一
些具有启迪性或导向性的观点，这无疑很有必要。仲伟合、王
宁和谢天振等学者在《中国翻译》专栏中撰文提出的相关看
法，我认为是中肯的，值得关注和进一步探讨。可以说，如何
认识翻译、理解翻译，是翻译研究的出发点，不仅在翻译研究
的普遍意义上如此，对新时期、新历史语境下的翻译研究而言
更是如此。

刘云虹：也就是说，面对新时期翻译研究遭遇的问题和挑
战，基于进一步深化对翻译的认识和理解这个出发点，无论重
新界定翻译，还是重新定位翻译，实际上都是再次提出并思考
"什么是翻译"这个翻译研究的核心命题。我们知道，翻译是
一项内涵极为丰富的跨文化交流活动，因而也是一种涉及文本
内部和外部诸多要素的复杂行为。从历史上看，不同时期、不
同流派的学者立足于各自对翻译活动的认识与理解以及各自的
研究角度和范式，对"翻译"给出了林林总总的定义，并且对
翻译的各种界定之间往往并非相互否定或替代的关系，而是呈
现出并存和互补的关系。另外，我注意到，在当前对翻译进行

重新定位和定义的探讨中，译学界的目光主要集中于翻译对象、形式与内容的变化以及新技术所引发的翻译工具和手段的改变，对翻译的认识似乎有过于技术化和工具化的倾向。那么，在您看来，要回答"什么是翻译"这一关乎翻译自身存在的基本问题，关键在哪里？

许钧：我认为，从理论研究的角度上，对"什么是翻译"这个问题的思考，其关键在于对翻译本质的认识与把握。首先，翻译研究在很大程度上取决于研究者的翻译观，有学者认为，有怎样的翻译观，就有怎样的翻译研究，可以说翻译观直接决定了翻译研究者对翻译的认识深度和研究广度，而翻译观建立的必要条件就是对翻译本质的深刻认识与理解。其次，如果我们从翻译历史来看，会发现不管人类社会如何发展，也不论翻译形式、内容、手段、媒介等如何变化，翻译的本质都不会发生改变。无论是语言翻译，还是图像翻译，翻译都具有转换性和建构性。从形式上看，翻译是一种"转换"；从目标上看，翻译是一种"建构"。这些本质特征是亘古不变的，目前没有改变，未来也不会改变。而不断发生变化的只是人类对符号与符号形式的认识，以前人们所理解的符号较为局限，主要是语言符号，现在则开始关注文字符号、图像符号、艺术符号等多种符号之间的相互转换与阐释。当前译学界对翻译在新时代和新技术下发生变化的关注有其合理的地方，但如果不从翻译的符号转换性和翻译的创造性这个角度出发，对翻译的再认识和重新定位有可能会流于表面。因此，认识翻译，首先应思考翻译的本质问题，揭示翻译究竟有哪些本质特征。而关于翻译在形式、内容等方面发生了哪些变化，以及在媒介变化的过程中产生了何种影响，则是第二步需要思考的问题。

二、翻译：人类存在的根本方式之一

刘云虹：正如我们刚刚所谈，当前针对重新定位和定义翻译的探讨与思考是有必要的，翻译本身就是一个不断求"真"的开放性过程。几千年的历史发展中，西方和中国对认识翻译、定义翻译所做的努力一直没有停止过，并且在未来的研究中仍将继续。而要给翻译定位和下定义，就翻译研究而言，就必须对翻译的本质特征有全面的认识和科学的把握，特别是，近年来翻译领域各种扑面而来的新变化和新现象似乎让人应接不暇，在此背景下，如何透过日益丰富而复杂的翻译活动准确把握翻译的本质，就显得尤为重要。此外，我们知道，在目前社会发展和中国文化"走出去"的历史语境下，尤其是莫言获得诺贝尔文学奖以来，媒体和学界在对翻译问题的关注与讨论中屡屡发出疑问的声音，对翻译在中国文学和文化"走出去"进程中究竟应该和能够扮演何种角色、发挥何种作用表示出一定的怀疑和担忧。对此，重新认识翻译、界定翻译，不仅是翻译理论探索和翻译学科发展的需要，在某种程度上甚至可以说是翻译如何在新时期安身立命进而发挥其重要价值的根本性诉求。在《翻译论》中，通过对"何为翻译"的历史分析和理性思考，您曾就翻译的社会性、文化性、符号转换性、创造性和历史性进行了深入的思考，认为这五个方面的根本属性是翻译活动的本质特征，构成了翻译的本质。正是在对翻译本质特征的分析与把握的基础上，您提出了"翻译是以符号转换为手段，意义再生为任务的一项跨文化的交际活动"①这一翻译定义。那么，针对当前翻译所处的时代语境、所发生的变化以及所面临的问题和挑战，在译学界对所谓陈旧的翻译定义、传统的翻译观念发出批判的声音时，您认为认识与把握翻译的本质是否仍然应该立足于翻译活动在上述方面具有的特征和属性？

许钧：对翻译的这个定义是我对翻译的基本理解，也是我的基本翻译观。我始终认为，社会性、文化性、符号转换性、创造性和历史性这五个方面的根本属性构成了翻译活动的本质特征。以这样的认识为基础，我对翻译价值进行了探讨，提出翻译具有交流、传承、沟通、创造与发展五个方面的核心价值。在翻译的这些本质特征中，我想先谈谈翻译的符号转换性。在我看来，无论时代语境如何变迁，要认识翻译、把握翻译本质，首先必须正确认识符号问题。符号的创造是人类最重要的创造或者最伟大的创造。如果没有符号，人类无法认识自身，也无

---

① 许钧. 翻译论（修订本）. 南京：译林出版社，2014：264.

法认识世界、表达世界与创造世界。符号既具有普遍性，也具有多样性，语言符号仅仅是符号的一种。此外，人类在感知和表达世界的过程中还创造了音乐符号、绘画符号、图像符号、形体符号、声音符号等符号系统。借助这些符号，人类才得以对自身和世界进行理解、传达与思考，才产生了音乐、绘画、戏剧、文学等一系列的创作和创造。而翻译最本质的特征，就是符号转换性。一切翻译活动都是以符号的转换为手段的。因此，对翻译的认识、对翻译本质的把握，必须先正确认识符号创造在人类社会中的地位、对于人类自身发展与社会发展的重要贡献以及人与符号之间的关系。王宁强调的当前"读图的时代"中的图像翻译，从本质上看，就是符际翻译。符号的创造、使用与转换是人类存在的一种根本性方式，经由转换的符号性创造，人类的思想疆界才得以拓展，人类各民族、各文化之间才得以交流与发展。在这个意义上，翻译是人类存在的根本方式之一。通过翻译，人类的思想和文化在空间上不断拓展，在时间上不断延续。这样认识翻译，才有可能真正把握翻译的本质，并在此基础上真正理解翻译的价值与重要性。

刘云虹：这让我想到，雅各布森在他那篇对翻译研究产生深远影响的文章《论翻译的语言学问题》中，从符号学观点出发对翻译进行分类，提出翻译可以在三个层面得到理论的界定，即语内翻译、语际翻译和符际翻译。其中的符际翻译就涉及了符号之间的转换，指通过非语言的符号系统解释语言符号，或用语言符号解释非语言符号。虽然雅各布森认为语际翻译才是真正的翻译，但他对翻译的符号转换性的认识，无疑拓展了我们对翻译活动的理解。在这个意义上，似乎可以说，我们对传统的翻译定义并没有根本性的否定。目前译学界提出要更新翻译观念，进而"重新"定位和定义翻译，这在很大程度上针对的就是翻译的"传统"。根据法国哲学家贡巴尼翁所言，长期以来，人们始终将"传统的"和"现代的"对立起来，笃信凡"现代的"就是与"传统的"决裂，凡"传统的"便是对"现代的"拒斥[①]。而贡巴尼翁认为，如果说每一代都在与过去决裂，那么决裂本身也就构成了传统，因此，"对新的迷信"[②]就成为现代性的悖论之一。如何看待"传统"、如何理解对传统的否定，这似乎是一个难解的哲学问题。那么，就当前的翻译研究而言，您对此怎么看？

许钧：传统与现代的关系，这是一个很有意思的问题。在贡巴尼翁看来，现代性的特点之一就是掉转头来否定自身，而这又悖论式地构成现代的一个传统，因此现代既是对传统的否定，也必然是否定的传统。事实上，人类的认识确实有一种趋新的倾向，然而，无论从理论研究角度来说，还是从历史发展来看，对于传统从来不是全然的否定，也就是说，任何新的事

---

① 安托瓦纳·贡巴尼翁. 现代性的五个悖论. 许钧，译. 北京：商务印书馆，2005：1.

② 安托瓦纳·贡巴尼翁. 现代性的五个悖论. 许钧，译. 北京：商务印书馆，2005：3.

物或思想对传统的否定并非一种断裂和决裂。如果说，就像贡
巴尼翁所强调的，传统是在时代延续更替中的传承，那么，我
们至少应该将之视为否定和进步的基础。对于当前的翻译研
究，我觉得应该从两个方面来看待问题。首先，所谓的传统翻
译观念究竟是什么？这个问题看似简单，可翻译界的认识却没
有也很难达成一致。有学者认为，过去对翻译的认识基本可以
归结为"翻译就是两种语言之间的简单转换"，"只要把原文的
意思正确、完整地传达出来，就算完成了翻译的使命"，也有
学者认为，"一般来说，翻译是要非常'忠实地'把原文的意
思说得很清楚、很准确。这是一种非常根深蒂固的思想"。①在
这样的认识下，对传统翻译观念进行质疑和诟病的焦点似乎就
是翻译的语言问题和"忠实性"问题了。而我们知道，就中国
的译学界而言，近 30 年来，随着翻译研究的不断深化，人们
对翻译的认识、对翻译复杂性的理解逐步深入，早已不再把翻
译视为孤立的语言转换行为，而是充分意识到文本内外诸多要
素对翻译活动的制约与影响作用，同时，对翻译忠实性的理解
也不再局限于语言和文字上，而是更加理性地看待"忠实性"
原则中可能存在的不同层面与维度。那么，对于翻译，我们是
否真的还停留在"翻译就是两种语言之间的简单转换"的认识

---

① 谢天振，王宏志，宋炳辉．超越文本，超越翻译——当代翻译和翻译研
究三人谈．东方翻译，2015(1)：5-6.

阶段？要破除的是否就是"忠实性"的翻译观念？①其次，时代在不断发展，我们对翻译需要有新的思考，这一点毋庸置疑。翻译研究中出现的各种转向和目前提出的"重新"定位与定义，其出发点就是要对翻译进行新的思考、新的认识。应该看到，各种不同的理论视角或途径为我们认识翻译和理解翻译提供了方法论的参照，多元的方法论恰是一门学科建立的标志之一。但我始终认为，不同的理论视角和途径之间，不应该构成否定性的关系，所谓的转向或重新定位，都不是从根本上对"传统"的彻底否定，而是某种补充、深化或丰富。基于这两个方面，我想强调的就是，在当前语境中，如何理解翻译、定位翻译，其关键仍然在于把握翻译的本质，而把握翻译的本质，首先必须对翻译的符号转换性这一翻译活动的最根本特征有明确认识。只有这样，才有可能真正认识到：作为人类存在的根本方式之一，翻译始终是一种建构性力量，与人类及其社会、经济、文化发展形成互动的关系，并在此基础上对翻译进行科学定位。

三、把握翻译本质：历史的目光与开放的视野

刘云虹：作为人类跨文化交流的重要活动，翻译不仅具有

---

① 许钧. 关于新时期翻译与翻译问题的思考. 中国翻译，2015(3)：8.

悠久的历史，而且深刻影响着人类精神生活、社会发展与文化交流的方方面面。通过翻译，各民族的文明成果得以交流、传承与发展，从而实现在空间上的不断拓展、在时间上的不断延续。正因为如此，随着社会的发展以及人类交流与沟通的需要，翻译活动呈现出越来越丰富多样的形式与内容。在我们的时代，社会对翻译的需求越来越广泛而深入，而翻译在形式、方法、内容、手段等方面发生的变化也是前所未有的。可以说，翻译在历史的演变中不断发展，同时也推动着历史、社会、文化的革新与发展。我们知道，翻译活动具有丰富的内涵与复杂的过程，涉及语言、文化、社会、意识形态等文本内外的诸多要素，而这些密切关联的要素无一例外都是特定时代的产物，呈现出显著的时代特征。梅肖尼克提出翻译的概念是一个历史概念，他要强调的正是"时代可能性"对于翻译的影响和制约。同时，翻译既是两种语言之间的交流，也是两种文化之间的碰撞，而正如梅肖尼克所言，"每一种语言文化都有其自身的历史性，不可能与其他语言文化具有完全对应的同时代性"①，因此，翻译永远是具有历史性的存在，是一种处于不断发展之中的、具有阶段性特征的活动。正是在这个意义上，歌德提出了翻译的三个阶段以及与之相对应的三种翻译方法：第一阶段，为了帮助读者理解外来事物，译者力图让外国作品中的异

---

① Meschonnic, H. *Pour la poétique II, Epistémologie de l'écriture. Poétique de la traduction*. Paris: Editions Gallimard, 1973: 310.

域色彩自然融入译语中；第二阶段，译者按照译语文化规范进行改编性翻译，不仅注重语言层面的归化，更力求思想、内容、观念层面的归化；第三阶段，译者通过逐句直译，追求译作与原作完全一致、真正取代原作。贝尔曼也有类似观点，在他看来，从一种语言文化到另一种语言文化的"文学移植"有其不同的阶段和形式：异域文学作品首先有一个被发现、被本土读者关注的过程，此时它还没有被翻译，但文学移植已经开始；接着，如果它与本土文学规范之间的冲突过于激烈，它很可能以"改写"的形式出现；随后，便会产生一种引导性的介绍，主要用于对这部作品所进行的研究；然后，就是以文学本身为目的、通常不太完善的部分翻译；最终必定出现多种重译，并迎来真正的、经典的翻译。[①]翻译具有发展性和阶段性，那么，我们要认识翻译、把握翻译的本质，绝不是对传统的全然否定或简单批判，也不是对翻译中出现的某种阶段性模式或现象的盲目推崇，而应该在充分认识翻译对人类存在与发展具有的根本性价值的基础上，以历史的目光更加理性地看待翻译与理解翻译。您在《翻译论》中揭示的翻译五大本质特征之一就是翻译的历史性，同时，您始终强调，要科学而全面地认识翻译，就必须树立翻译的历史发展观。能否请您再谈一谈，这一点对于在当前语境下重新定位翻译、把握翻译的本质具有怎样的现

---

① Berman, A. *Pour une critique des traductions: John Donne*. Paris: Editions Gallimard, 1995: 56-57.

实意义？

许钧：你说得很有道理，就像我们已经谈到的，翻译历史悠久，翻译活动的方方面面都在不断丰富与发展变化之中。从翻译形式与方法来看，既有"忠实"的全译，也有"不忠实"的改译和节译；从翻译内容和对象来看，既有宗教典籍翻译、文学经典翻译，也有社科著作和实用文献翻译；从翻译手段和媒介来看，从最初的甲骨文刻字到毛笔字再到今日的计算机处理，人类的交流方式产生了重大变化，翻译的工具、手段与媒介也相应发生了重要改变。这些变化一方面表明翻译随着人类交流与社会发展的需要而不断发展，另一方面也深刻体现出翻译活动本身具有的阶段性与历史性。对此，翻译界应该从历史发展的角度，关注翻译史上出现的种种现象，对之进行全面揭示并做出合理的解释，而不是在某种阶段性的变化或目标驱动下轻易否定传统和历史。也就是说，翻译活动处于不断发展的进程之中，同样，作为历史的存在，人们对翻译的认识和理解也必然被烙上深刻的时代印记。对此，我们应有清醒的认识，不能把对翻译的阶段性认识当作对翻译的终极性理解，把一时的变通当作恒久性的普遍准则。就拿文化交流来说，什么是文化交流的基本原则？我觉得，世界上一切交流的基本原则和核心目标就是互通有无，"自我"与"他者"的交流中寻求的永远是独特的东西，是我无你有的差异性的东西。所以，在这个意义上，哲学家在对翻译的探讨中都强调"异"的观念。世界之异、思维之异、语言之异、文化之异，这许许多多的"异"既构成了交流的必要性，也从根本上构成了翻译的必要性。可以说，翻译因"异"而起，为"异"而生，对异质性的保留与传达是翻译活动最核心的目标。同样，对"异"的态度实际上构成了翻译伦理的重要维度之一。韦努蒂曾明确提出，翻译的伦理就是对语言和文化的差异给予充分尊重。因此，以抹平异质性来谋求对翻译更大程度的接受，必定是一种阶段性的权宜之计。从中国的翻译历史来看，今天的翻译与林纾时代的翻译已经大不相同，现在，无论译者还是读者，都普遍追求原汁原味的"忠实性"翻译。以史为鉴，我们可以试想，目前国内对葛浩文的翻译方法的推崇正是现阶段中国和西方在文学译介上的不平衡性的体现，那么，随着历史的发展与交流的深入，西方会不会像我们今天一样，对异质性的他者有更多的理解、接纳与尊重，葛浩文式的翻译是否也会像林纾的翻译那样，最终退出历史舞台？我觉得，这个变化一定会有。阶段性的方法和观念只是某个特定历史语境的产物，而时代是在不断发展的，影响翻译活动的任何一种历史语境都会随着不同语言和文化之间相互关系的变化而不断变化。相反，翻译的根本特征和本质诉求是不会改变的。因此，我们在给翻译定位时，必须充分而深刻地认识到翻译的历史性，从人类历史发展的高度来理解翻译的复杂性、可能性与发展性，否则就有可能被某种阶段性的理解所蒙蔽，从而片面地将之视为翻译的普遍性、恒久性原则。

刘云虹：是的，从根本上看，翻译的缘起和目标都在于一个"异"字，正如贝尔曼所言，翻译的最终目标不是任何形式的信息传达，而是向某一个世界的经验开放，进而"通过异域的媒介来丰富自我"①。在可传达性和可接受性的外衣下否定语言和文化异质性，最终导致的结果不仅是对作品的歪曲、对读者的欺骗以及对文化的误读与曲解，也完全与翻译的本质诉求与根本目标背道而驰。真正的文化交流应该是一种双向的、平等的交流。在目前中国文化"走出去"的时代语境下，促进中国文化走向世界、与异域的他者文化进行平等交流与对话，是翻译的目标与价值所在。我们知道，翻译不仅具有历史性，也具有深刻的文化属性，是一种文化建构。翻译不仅深深地作用于文学史的书写，更与一个国家或民族的思想史、文化交流史乃至整个社会的发展史密切相关。因此，把握翻译本质，重新定位翻译，翻译界不仅需要一种历史的目光，也需要一种开放的视野，立足于中国文化与世界多元文化相知相融、共同发展这个根本目标来思考翻译。

许钧：确实如此，文化双向交流、平等交流的意识对翻译来说特别重要。从文化和历史发展的角度来看，从封闭走向开放，从单一走向多元，主动地以平等而开放的心态与异质文化进行交流与对话，进而在自我和他者的碰撞与融合中理解自身、丰富自身，是人类文明发展的必由之路。翻译活动在历史上一

---

① Berman, A. *L'Epreuve de l'étranger*. Paris: Editions Gallimard, 1984: 16.

直与社会文化发展紧密相连，并形成一种积极的、互动的建构性力量。这既是翻译的社会性、文化性所在，也深刻体现出翻译的社会价值与文化价值。在关于重新定位与定义翻译的讨论中，谢天振提出当前的时代是翻译的职业化时代，王宁提出当前的时代是读图时代，是图像翻译时代，这两个时代是否重合？我想，我们有必要区分翻译的精神性与物质性。具体来说，在物质方面，强调翻译的实际运用与行业特征，在精神方面，则应考虑翻译在国家形象的塑造与文化国际影响力的提升中究竟应该发挥怎样的作用、体现怎样的价值。在当前时代的翻译研究中，这一点尤为重要。进入 21 世纪以来，随着综合国力的增强，中国在国际上的影响力不断扩大，中西、古今关系发生了根本性变化，其态势从总体来看，可以说与五四运动前后的情形完全相反。在民族复兴的语境中，新世纪的中西，是"中国文化走向世界"的诉求中以文化自觉与文化输出为特征的新态势；而古今之变，则在民族复兴的语境中对中华民族五千年的文化传统与精华有了新的认识，完全不同于五四运动前后与"旧世界"的彻底决裂。对翻译界而言，考察翻译的语境发生了根本性变化，我们对翻译思考的路径和维度不可能不发生变化。变化之一，涉及中西，便是由西学东渐转向中国文化"走出去"。变化之二，涉及古今，便是从与"旧世界"的根本决裂转向对中国传统文化、中华民族价值观的重新认识与发扬。这两个方面的重大转变必然向翻译界提出新的问题：翻译在中国文化"走出去"的战略进程中应承担怎样的责任？如何避免中国文学、文化在"走出去"过程中遭受误读或曲解，以促使其得到真实而有效的传播？同时，我们也清醒地看到，由于历史、文化、社会、意识形态等多重因素的影响，中国文学、文化在海外的传播与接受并非一帆风顺，目前，中国文学在世界文学中仍然处于边缘位置，全球范围内中国的文化影响力仍远远落后于其经济影响力。在这样的时代背景下，对翻译问题的思考应从世界和中国两个角度来进行，也就是说，不能仅从中国出发，也不能仅从世界出发，而需要站在中国与世界以及全球化的角度，在中国文化与世界多元文化平等交流、共同发展这个开放的视野下来看待翻译。

刘云虹：您的观点对当下的翻译与翻译研究有非常重要的意义。不得不说，翻译界目前对中国文学外译与传播似乎已经表现出某种急功近利、急于求成的心态：一是希望中国文学一经翻译便马上被接受，对译介与传播活动的客观规律以及中西方在文化交流上存在的差异性缺乏理性认识；二是仅以当下的读者接受为考量，并据此在"翻译什么"和"如何翻译"等翻译活动涉及的根本性选择中进行取舍，甚至对中国文学主动"走出去"的传播模式、对翻译的忠实性原则提出疑问；三是为"走出去"而"走出去"，出于可读性和可接受性的目的对原著进行某种过滤，淡化甚至抹平中国文学在语言文化上的异质性。①对此，如何警惕翻译观念与翻译行为的功利主义倾向，真正在促使不同文化平等交流的目标下实现翻译的价值，翻译界应充分予以重视并深入加以思考。

许钧： 你说得很对。在功利性被广泛接受与文化特性真正被认识、被尊重之间，翻译界应该做出理性选择，克服狭隘、功利的翻译观念，从而以文化平等交流为根本目标来思考翻译方法与模式的有效性等问题。其实，这不仅涉及中国文化"走出去"的问题，更深入地来看，还关系到维护世界文化多样性的问题。这就要求我们在对翻译本质的把握中，要以开放的视野关注翻译在当今世界文化政治关系中的作用，充分认识到翻译在维护文化多样性与促进世界和平文化建设中应具有的价值。我想强调，翻译是主导世界文化的一种重大力量，对翻译的再认识与再定义应站在跨文化交流的高度来思考，以维护文化多样性、促进不同文化间以真正的平等交流为根本目标去考察翻译活动的丰富性、复杂性与创造性，并在此基础上进一步认识与彰显翻译活动的各种价值。

刘云虹： 这一点确实非常重要。面对翻译活动日益丰富的内涵与不断变化的形式，只有立足于翻译在社会、文化、语言、创造和历史方面的多重属性，从历史发展与文化交流的高度，

---

① 刘云虹. 中国文学对外译介与翻译历史观. 外语教学理论与实践，2015(4)：3-4.

以历史的目光和开放的视野来把握翻译本质，翻译活动才可能得到更深刻、更全面的认识与理解，翻译的多元价值才有可能得到应有体现。

（原载于《中国外语》2016 年第 1 期）

从本质上看，翻译的社会性重交流，翻译的文化性重传承，翻译的符号转换性重沟通，翻译的创造性重创造，而翻译的历史性重发展。立足于对翻译本质的把握，我们就不难认识到，翻译的价值是多方面的，交流、传承、沟通、创造与发展，这五个方面恰好构成了翻译的本质价值，从某种意义上说，它们也正是翻译精神的体现。

翻译的定位与翻译价值的把握

——关于翻译价值的对谈

一、当前对翻译功能的认识

刘云虹：许老师，您好！在近期关于翻译的探讨中，翻译的重新定位和定义可以说是译学界普遍关注的一个焦点问题，不少学者从翻译本质、翻译理论研究、翻译学科建设、文化外译、翻译批评、翻译职业与翻译技术发展等不同视角对翻译的重新界定展开了深入思考。就像您曾经说过的，对任何学科而言，不断认识自身和理解自身永远是其发展的必然基础和原动力，翻译研究当然也不例外。翻译行为自身的丰富性和复杂性毋庸置疑，在新的历史时期，全球化背景下我国的翻译活动越来越呈现出多维特征，翻译的路径、形式、方法、内容和功能都在发生着深刻变化，这些变化使翻译研究和翻译实践不断面临新的挑战，也促使译学界对翻译的本质、功能、作用与价值等翻译的根本性问题进行重新认识与思考。对此，我们已有相关探讨，今天，我想着重向您请教关于如何定位翻译、如何把握翻译价值的一些问题。

许钧：关于翻译，我们曾就翻译本质、翻译伦理与翻译批评等问题展开了多次讨论。这些问题都是翻译的基本问题。如果对翻译活动没有深刻的理解，那么对翻译及其功能与价值的认识就会发生偏差，相关的翻译思考与翻译研究也就有可能产生偏误。在新的时代背景下，翻译的形式与翻译的功用确实发生了很多变化，面对这些变化，我们不仅要对翻译的本质进行深入思考，也要对翻译的功能和作用重新加以认识。在把握翻译本质的基础上，一起谈谈翻译的功能与翻译的价值问题，我觉得很有必要。

刘云虹：在全球化的历史时期，翻译活动在人类精神生活、社会发展和文化交流中发挥着日益重要的作用，同时也受到众多因素的影响，在这众多因素中我们尤其注意到两点：一是中国文化"走出去"国家战略的大力实施；二是信息技术与翻译科技的突飞猛进。如果说前者在翻译观念、翻译方法和翻译标准等层面引发了疑问和争论，那么后者在翻译方式和翻译手段上带来的巨大变革却是显而易见的。当今时代既是全球化时代，也是大数据时代，人工智能、机器翻译和计算机辅助翻译技术等迅猛发展，翻译和翻译研究既面临机遇，也在某种程度上遭遇困惑与挑战。2016 年 9 月，谷歌公司宣布发布 Google 神经网络机器翻译系统，并称该翻译系统能降低 55%—85%的翻译错误率且十分接近人类译员的翻译水平。[①]一石激起千层浪，对 AlphaGo 记忆犹新的人们不禁对翻译的未来既充满期待又满怀忧虑，有人称之为"翻译界的重大突破"，有网友表达了身为翻译从业者的"忧虑和恐惧"，等等。尽管这些看法只是网络上的众说纷纭，但应该看到，在信息技术与翻译科技高速发展的时代背景下，翻译与机器、与技术空前紧密地联系在一起，翻译的语言服务功能也由此一再凸显并备受关注。21 世纪以来，"中国国际语言服务大会""语言服务与全球化论坛"等以语言服务为主题的国际国内重要会议不断召开，中国翻译协会 2016 年年会同时也是"2016 中国语言服务业大会"，第 20 届世界翻译大会的主题定为"人工翻译与机器翻译——翻译工作者与术语学家的未来"，中国翻译协会也将"翻译能力培训与评估（TICAT）"更改为"语言服务能力培训与评估（LSCAT）"。甚至有学者提出翻译学的技术转向，认为"翻译学在继'语言学转向''文化转向'等之后开始'技术转向'"[②]，并且指出翻译学技术转向的重要影响包括重构了翻译学的学科构架、给传统的翻译定义

① Google 神经网络机器翻译系统发布，实现重大突破. (2016-09-28)[2016-10-05]. https://www.sohu.com/a/115250898_389703.
② 康志峰. 翻译研究与教学：翻译教育与口译认知专题. 上海：复旦大学出版社，2022：69.

造成了冲击、为翻译研究也带来了新的视角——语言服务等[①]。也有学者主张在翻译的定义中"加入更多科技内涵",将翻译重新定义为"在科技辅助下将一种语言转换成另一种语言"[②]。随着大数据时代下翻译技术的日新月异以及以翻译为核心的语言服务业的蓬勃发展,语言服务功能在当前各界对翻译的认识与定位中似乎越来越占据重要甚或主导地位,您对此有什么看法?

许钧:在多个场合,我曾就翻译提出了"何为译""为何译""译何为"这三大问题。在我看来,其中理解翻译的本质是第一位的,对此,我们已经有过非常深入的对话,就翻译的本质特征进行了多维度的探讨。"译何为"这个问题看似简单,在许多人看来,翻译的作用是显而易见的,但我认为,只有把握了翻译的本质特征,才有可能对翻译进行定位,对"译何为"问题的认识也才有必要的理论基础。对翻译本质的认识不一致,将直接导致对翻译之用的认识存在显著差异。实际上,要探讨翻译的作用,既可以是描写性的,也可以是探究性的。描写性的研究侧重于对历史的梳理与总结,而探究性的思考则是从一定的翻译观和翻译价值观出发,对翻译应该具备何种功能、凸显何种价值进行深入的理论研究。就目前而言,在对翻译功能的认识上,一般有三种比较有代表性的看法。首先是翻译的沟

---

① 张成智,王华树. 论翻译学的技术转向. 翻译界,2016(2):104-113.
② 陈善伟. 翻译科技新视野. 北京:清华大学出版社,2014:325-326.

通功能，尤其是跨文化交流与传播的功能。符号的创造、使用与转换是人类存在与思维的一种根本性方式，而任何翻译活动从根本上看都是符号转换行为，经由翻译过程中实现的符号转换性创造，人类的思想疆界才得以拓展，人类各民族、各文化之间的交流与发展才成为可能。在这个意义上，促进思想沟通与文化交流是翻译的根本任务所在。在当前中国文化"走出去"的时代背景下，我们应该特别重视翻译的沟通功能，力求通过翻译来促进和实现不同文化间真正双向而平等的交流。其次是翻译的建构功能，翻译因"异"而起，为"异"而生，其缘起和必要性都在于一个"异"字。世界之异、思维之异、语言之异、文化之异，这些根本性的差异既是翻译的障碍所在，同时也构成了翻译创造的可能性与空间。从历史的角度来看，无论在语言层面，还是文化与思想层面，翻译都具有建构性的功能。鲁迅所提倡的翻译"不但在输入新的内容，也在输入新的表现法"[①]，瞿秋白所认为的"问题根本不在于'顺不顺'，而在于'翻译是否能够帮助现代中国文的发展'"[②]，都揭示和强调了翻译在语言建构上的创造性价值。季羡林先生在谈到翻译的作用时，曾以中华文明的发展为例，进行了非常精辟的阐述："英国的汤因比说没有任何文明是能永存的。我本人把文化（文明）

---

① 鲁迅，瞿秋白. 鲁迅和瞿秋白关于翻译的通信//罗新璋，陈应年. 翻译论集（修订本）. 北京：商务印书馆，2009：346.
② 瞿秋白. 再论翻译——答鲁迅//罗新璋，陈应年. 翻译论集（修订本）. 北京：商务印书馆，2009：350.

的发展分为五个阶段：诞生，成长，繁荣，衰竭，消逝。问题是，既然任何文化都不能永存，都是一个发展过程，那为什么中华文化竟能成为例外呢？为什么中华文化竟延续不断一直存在到今天呢？我想，这里面是因为翻译在起作用。我曾在一篇文章中说过，若拿河流来作比较，中华文化这一条长河，有水满的时候，也有水少的时候，但却从未枯竭。原因就是有新水注入，注入的次数大大小小是颇多的，最大的有两次，一次是从印度来的水，一次是从西方来的水。而这两次的大注入依靠的都是翻译。中华文化之所以能长葆青春，万应良药就是翻译。翻译之为用大矣哉！"①他的这段话对我们从文化建构与发展的角度来认识与理解翻译的功能，无疑具有十分重要的指导作用。最后就是你刚刚提到的翻译的服务功能，在当今时代，翻译的形式、内容与媒介以及对翻译的需求都发生了很大变化，加之语言服务行业自身的快速发展，这一切使得翻译的服务功能受到前所未有的关注，也促使译学界进一步深化在翻译学科发展、翻译研究和翻译人才培养等方面的思考。我觉得，这无疑很重要。但同样重要的是，对此，一方面，我们要看到时代发展给翻译活动带来的变化；另一方面，我们必须清醒地认识到，翻译的功能与价值是多方面的，不能顾此失彼，仅仅把翻译的功能定位于"语言服务"。我们一直认为，在中国，翻译地位不高，

---

① 季羡林，许钧. 翻译之为用大矣哉//许钧，等. 文学翻译的理论与实践——翻译对话录. 南京：译林出版社，2001：3.

甚至可以说没有什么社会地位。我想起了法国哲学家、媒介学者雷吉斯·德布雷的一句话："功能决定地位，而不是地位决定功能。"①翻译和翻译者的地位在很大程度上取决于翻译的功能，而对翻译功能认识的简单化和工具化倾向，对我们真正评价翻译的价值与地位是非常不利的。至于翻译学的技术转向的观点，姑且不论其合理性有多少，我始终认为，所谓的转向体现了认识翻译和理解翻译的一种视角或途径，不具有排他性和颠覆性。所谓的重新定位和定义并非指向对已有翻译认识的全面否定，而应被理解为翻译研究在新时期的进一步深化与拓展。

二、翻译定位：本质把握与历史观照

刘云虹：正如您曾经说过的，时代在不断发展，我们对翻译的思考也要与时俱进，这一点毋庸置疑。看来，如何处理传统与现代之间的关系，不仅在法国哲学家贡巴尼翁那里是一个亟待反思的哲学命题，也是翻译研究在新的历史时期必须面对的重要课题。张柏然教授在其新著《译学研究叩问录——对当下译学研究的新观察与新思考》中对数字时代大背景下的翻译与翻译研究进行了深入的探讨，他认为："从本质上来说，本来就没有什么网络翻译、纸质翻译之分，在每次媒介革命过后，

---

① 雷吉斯·德布雷. 媒介学宣言. 黄春柳，译. 南京：南京大学出版社，2016：23.

只有'翻译'才是永恒的命名。纷繁芜杂的网络翻译和大数据语言服务，只不过是翻译研究洪流中的具体时代现象，只要还是翻译，就必然共享着翻译的特征，承载着翻译的使命，人们可以据此展开与时俱进的思考，而无需解构传统的翻译定义，另起炉灶地重新定义翻译。"①谭载喜教授也持类似的观点，在《破除翻译"转向"的迷思》一文中，他认为，翻译研究领域之所以出现形形色色"让人头晕目眩、迷失方向"的"转向"，"是因为伴随这些'转向'的出现，人们往往会对翻译本质产生不正确的理解或解读"，并明确指出，"无论我们怎样谈论翻译的'转向'，或试图提出怎样的'转向'，都必须首先解决有关翻译的最根本问题，那就是：翻译到底是什么？它具有怎样的属性？翻译'转向'之于翻译本质，到底属于何种关系？等等。不解决这些问题，一切所谓'转向'都只会是无源之水，无本之木"。②似乎可以说，贡巴尼翁质疑的"对新的迷信"在新时期的翻译研究中也有所显现。在贡巴尼翁看来，现代性的特点之一就是掉转头来否定自身，而这又悖论式地构成现代的一个传统，因此现代既是对传统的否定，也必然是否定的传统。如果说每一代都在与过去决裂，那么决裂本身也就构成了传统，因此，"对新的迷信"就成为现代性的悖论之一。对此，他指出：

---

① 张柏然，辛红娟. 译学研究叩问录——对当下译学研究的新观察与新思考. 南京：南京大学出版社，2016：253.

② 谭载喜. 破除翻译"转向"的迷思. 社会科学报，2016-09-08(05).

"从词源学来讲，传统就是对一种模式或一种信仰的传承，是在世代延续更替中的传承：它意味着对某种权威的效忠和对某种根源的忠诚。"①这就意味着，所谓对传统的否定不是也不应是一种彻底的决裂，因为，在任何具有趋新倾向的认识和思想中，都必然存在某种权威的和根源的东西需要坚守。在这个意义上，我们应该认识到，不论时代如何发展，也不论时代发展为翻译活动带来怎样的变化，对翻译本质特征的全面认识与深刻把握应成为一切翻译思考与翻译研究的出发点。在新的历史时期，要想对翻译有准确的定位，一方面要重视时代语境的变迁以及翻译在其中面临的机遇与挑战，另一方面一定要以把握翻译本质为基础，否则，所谓对翻译的重新认识与定位就有可能流于表面，难以真正推动翻译研究的深入和翻译学科的发展。

许钧：你说得很对。从错综复杂的现象中探寻本质和规律，是一切科学研究的根本要义。在我看来，在当前语境中，如何深入地理解翻译，如何科学地为翻译定位，关键仍然在于把握翻译的本质，深刻认识翻译的本质属性与特征。目前对翻译之用的思考中，有一种值得注意的倾向就是对翻译的工具性定位，即将翻译的主要功能与价值定位于工具性和服务性，过于从翻译行业和翻译职业的角度来认识翻译。这不仅不利于我们真正把握与实现翻译的价值、评价翻译的地位，不利于我们把握翻

---

① 安托瓦纳·贡巴尼翁. 现代性的五个悖论. 许钧，译. 北京：商务印书馆，2005：1.

译活动的丰富性、复杂性和创造性，也不利于我们的翻译研究和翻译学科发展。针对这一倾向和可能导致的问题，我认为，对翻译的定位，要先以翻译观的确立为前提，翻译观就是对翻译本质的认识、对翻译基本特征的把握，它决定着对翻译的理论思考以及翻译过程中的各种选择与价值取向。翻译观不同，对翻译的认识和定位就有差异，对翻译之"用"的评价也会大相径庭。而把握翻译的本质，必须先对翻译的符号转换性有明确认识，它是翻译活动最根本的特征。就像我不止一次谈到的，人类的存在从根本上看有赖于符号的创造、使用与转换，如果没有符号，人类无法认识自身，也无法认识世界、表达世界与创造世界。这样认识翻译，才能真正把握翻译的本质，真正认识到翻译始终是人类语言、文化与社会发展中的一种建构性力量，并在此基础上对翻译进行科学的定位。为翻译定位，不仅要立足于对翻译本质的认识与把握，还必须有一种历史的目光，从历史事实出发，考察翻译活动与其赖以存在的历史、社会与文化语境之间的关系，进而辩证地看待翻译的作用与价值。这一点同样非常重要。从翻译历史的进程看，一方面，翻译在对目的语的影响与改造、对政治思想和意识形态的塑造以及不同文化之间的交流与沟通等方面都发挥了积极的、重要的作用；而另一方面，我们也不难发现，在翻译的理想目标与翻译活动发挥的实际作用之间存在着不可忽视的差距，翻译产生反作用和负面影响的例子并不鲜见。就翻译的沟通功能而言，人们期待翻译能够促进不同民族文化间的交流、理解与沟通，但历史上却不乏对原著随意删改，甚至视其为"文学战利品"而对其任意"宰割"的翻译事实，最典型的例子就是罗马在军事上征服希腊之后，在翻译中对希腊的文学作品大加删改，丝毫不顾及原作的完整性，完全将翻译当作一种自我展现和凌驾于他者之上的途径。韦努蒂把翻译最重要的作用归结于"对文化身份的塑造"，在很大程度上就是因为他清醒地看到，"翻译是一个不可避免的归化过程"，[①]通过对异域文本的改造，翻译可以促使目的语文化形成一种对异域文化的基本态度，这种态度既可能是"尊重"，也可能是"蔑视"或"仇恨"。甚至，在特定条件下，翻译有时竟充当着强势文化侵略弱势文化的帮凶角色，沦为某种殖民的工具。考察中西方翻译史，可以看到翻译的理想目标与实际作用之间所出现的负面的偏差并非个别现象，尤其在后殖民语境中，翻译的作用与反作用更成为人们关注的焦点问题之一。

刘云虹：这让我想到，翻译的历史定位以及对翻译之用的思考实际上与翻译伦理紧密关联在一起。在我们已进行的对话中，我曾向您请教过有关翻译伦理的问题。您当时着重指出，在警惕和抵抗文化霸权这一当今人类共同面临的挑战下，无论从翻译的沟通与交流的根本属性来看，还是就翻译维护文化多

---

① 韦努蒂. 翻译与文化身份的塑造. 查正贤，译. 刘健芝，校 // 许宝强，袁伟. 语言与翻译的政治. 北京：中央编译出版社，2001：359.

样性的历史使命而言，对他者的尊重、对异质性的保留与传达都是翻译伦理的本质诉求。韦努蒂提出翻译的"差异性伦理"，认为翻译的伦理目标在于拓展对不同于本土语言的另一种语言和文化的理解与尊重的，原因就在于他明确认识到，翻译在本质上是一种文化政治行为，通过对文化身份的塑造，翻译对社会产生着持续而深远的影响。可以说，只要处于不对等状态中的各种语言和文化之间的权力关系存在，以"尊重"为核心的翻译伦理诉求就始终存在，也就更需要我们从翻译本质出发、从历史语境出发，对翻译进行准确的定位，并辩证地认识与把握翻译之用。

许钧：确实如此。我在《翻译论》中曾指出，"为翻译定位"这一说法来自印度学者尼南贾纳的《为翻译定位：历史、后结构主义和殖民语境》一书。在这部著作中，她强调"翻译"一词"并非仅指一种跨语际的过程，而是对一个完整问题系的称谓"[①]，因为"在后殖民的情境下，翻译的问题系成了引发有关再现、权力以及历史性这诸多问题的一个意义重大的场点"[②]。由此，我们可以看到，尼南贾纳眼中的为翻译定位，不是以规定性的手段简单地说明翻译应该发挥何种作用，而是通过对具

[①] 特贾斯维莉·尼南贾纳. 为翻译定位：历史、后结构主义和殖民语境. 袁伟，译. 许宝强，黄德兴，校//许宝强，袁伟. 语言与翻译的政治. 北京：中央编译出版社，2001：122.

[②] 特贾斯维莉·尼南贾纳. 为翻译定位：历史、后结构主义和殖民语境. 袁伟，译. 许宝强，黄德兴，校//许宝强，袁伟. 语言与翻译的政治. 北京：中央编译出版社，2001：117.

体翻译事实的分析，揭示出翻译在历史中发挥的作用远远没有被人们认识，尤其是翻译所起的负面作用和所扮演的不光彩角色。应该说，尽管对翻译活动的历史考察表明翻译就整体而言所起的作用是积极的，但在意识形态和不平等权力关系的作用下，翻译有时也会产生负面影响，甚至沦为文化霸权或殖民统治的工具。在这个意义上，单单从作用的角度认识翻译仍然不够。为翻译定位，我们还应充分认识与把握翻译的价值，建立翻译的价值观。

三、翻译价值的认识与把握

刘云虹：当今时代，在国家战略和社会发展需求导向下，在信息技术和翻译科技的助力下，翻译的语言转换和服务功能得到了前所未有的凸显，并且在国家建设和社会发展中切实发挥着重要的作用。同时，翻译的职业化特征似乎越来越显著，有学者认为当前的时代是翻译的职业化时代，也有学者提出要结合信息时代的特点重新定位与定义翻译职业。这些都是翻译在新的历史时期出现的新变化，不容忽视。那么，针对目前翻译所面临的新形势，我们应该如何科学认识与把握翻译的价值？

许钧：要认识翻译的价值，我们必须先区分翻译的精神性与物质性，这一点在我们关于翻译本质的对谈里我曾经提到过，今天我想再次予以强调。具体而言，在物质方面，可以彰显翻译的语言服务功能与行业特征，就像你刚刚所说，这一点值得关注和重视；在精神方面，有必要考虑翻译在社会发展、文化传承与交流、思想创造以及国家建设等方面应具有的作用和价值。我曾提出，翻译具有社会性、文化性、符号转换性、创造性和历史性这五个方面的根本属性，这既是对翻译的基本理解，也是对翻译价值的基本认识。

具体来说，翻译的社会价值主要体现在它对社会交流与发展的强大推动方面。翻译对社会的推动作用，首先在于翻译促进人类社会从相互阻隔走向相互交往，从封闭走向开放，从狭隘走向开阔。借助翻译，人类社会不断交流其创造的文明成果，互通有无，彼此促进。翻译对社会的推动作用，其次在于对民族精神和国人思维方式的影响。精神的塑造和思维的改造是推动社会变革的基本力量，而翻译对于这两者所起的作用往往是直接而深刻的。考察中西方翻译史，这方面的例证非常丰富，鲁迅在他毕生的翻译活动中所竭力追求的，就是通过翻译实现精神的塑造和国人思维方式的改造。翻译对社会的推动作用，还在于对社会重大政治运动和变革实践的直接影响。翻译的文化价值与人类相互交流的发展需要密不可分。任何一个民族想谋发展，都必须走出自我封闭的窠臼，无论自身的文化多么辉煌、多么伟大，都不可避免地要与其他文化进行交流，在不断碰撞甚至冲突中逐渐相互理解、相互交融。正是翻译促使了民族文化在空间上的拓展和在内涵上的丰富。

翻译的语言价值从根本上说就是翻译活动对语言产生的作用和影响。翻译对于语言改造和语言建设所发挥的特殊作用在历史的进程中不断得以体现，这方面的例子很多，国外如德国马丁·路德的《圣经》翻译促进了现代德语的诞生，国内如"五四"时期的翻译推动了白话文运动,对现代汉语的形成功不可没。翻译的创造价值体现在社会、文化和语言等多个层面。从社会角度看，翻译作为一种社会活动，必须以交流为基础，交流有利于思想疆界的拓展，而思想的解放又构成了创造的基础；从文化角度看，翻译中导入的任何"异质"因素，都是激活目的语文化的因子，具有创新的作用；从语言角度看，要实现原作生命的延续与丰富，并真正保留和传达原作的异质性，翻译中就不可避免地要进行语言的创造性转换。当"本我"意欲打破封闭的自我世界，向"他者"开放，寻求交流并打开新的疆界时，自我向他者的敞开本身就孕育着一种求新求异的创造精神。正是这种创造精神构成了翻译的创造价值的源泉。

翻译的历史价值蕴含在翻译对于人类历史的发展所做出的实际贡献中。考察人类文明发展史，我们会发现，历史的每一次重大进步与发展都离不开翻译,每一次重大的文化复兴都往往以翻译为先锋，都伴随着翻译的高潮。为此，我们要树立翻译的历史价值观，从历史的发展来看翻译活动不断丰富的内涵和不断扩大的可能性。从本质上看，翻译的社会性重交流，翻译的文化性重传承，翻译的符号转换性重沟通，翻译的创造性重创造，而翻译的历史性重发展。立足于对翻译本质的把握，我们就不难认识到，翻译的价值是多方面的，交流、传承、沟通、创造与发展，这五个方面恰好构成了翻译的本质价值，从某种意义上说，它们也正是翻译精神的体现。

刘云虹：翻译在精神层面的价值确实非常重要。翻译活动涉及并作用于人类社会发展、文化交流和文明传承的方方面面，乃至渗透在人们日常物质生活与精神生活的时时处处。因此在某种程度上可以说，翻译对于一个国家和民族的价值观的形成、精神世界的建构以及思想文化的丰富与发展都具有重要的引导和建构意义。尤其在以和平与发展为时代主题的今天，翻译对于推动社会进步和维护文化多元所具有的价值是我们应予以特别关注和思考的。习近平主席曾多次在讲话中强调世界各民族文明交流互鉴的重要性，如在位于巴黎的联合国教科文组织总部的演讲中，他指出："文明因交流而多彩，文明因互鉴而丰富。文明交流互鉴，是推动人类文明进步和世界和平发展的重要动力。"[①]又如在纪念孔子诞辰 2565 周年国际学术研讨会暨国际儒学联合会第五届会员大会开幕会上的讲话中，他指出，"推进人类各种文明交流交融、互学互鉴，是让世界变得更加美丽、各国人民生活得更加美好的必由之路"，同时

---

① 习近平. 在巴黎联合国教科文组织总部的演讲. 人民日报，2014-03-28(03).

就如何正确对待不同国家和民族的文明、如何正确对待传统文化和现实文化，明确提出了维护世界文明多样性、尊重各国各民族文明、正确进行文明学习借鉴和科学对待文化传统四项原则。①联合国前秘书长加利先生也曾明确表示，世界的民主与和平有赖于语言的多元与文化的多元。应该看到，在维护语言与文化的多元，进而推动人类进步与世界和平发展的时代诉求中，翻译因其自身具有的交流、传承、沟通、创造与发展等多重精神价值而扮演着举足轻重的角色。同时，如何认识翻译、如何把握翻译的本质与翻译的精神，这在当前的历史语境中更加凸显出具有某种战略意义的迫切性和重要性。

许钧：的确，无论为翻译定位，还是认识与把握翻译的价值，都要考察翻译是在何种历史、社会与文化语境中开展的，并思考翻译活动在这样的语境中所欲达到的目标。进入 21 世纪以来，随着中国经济实力和综合国力的进一步增强，中国在国际上的影响力不断扩大，中西、古今关系在新的时代语境中发生了根本性变化。重新认识与发扬中国传统文化、中华民族价值观，中国文化走向世界、与异域文化平等交流并互为丰富，这已经成为中华民族伟大复兴进程中的根本诉求。对翻译界而言，翻译活动与翻译研究的语境也在相应地发生改变，总的来看，可以说机遇与挑战并存。一方面，随着中国文化"走出去"

---

① 习近平. 在纪念孔子诞辰 2565 周年国际学术研讨会暨国际儒学联合会第五届会员大会开幕会上的讲话. 人民日报，2014-09-25(02).

战略的实施与推进，政府和各界越来越关注并重视翻译，其中一个非常重要的原因就在于翻译对一个国家的形象建构、文化软实力的增强以及文化国际影响力的提升都具有不容忽视的作用；另一方面，不少涉及翻译的重要问题仍亟待我们的关注与思考：翻译在中国文化"走出去"的战略进程中应承担怎样的责任？中国文学、文化怎样能够在"走出去"过程中得到真实而有效的传播？如何从中国文化与世界多元文化平等交流、共同发展这个开放的视野来认识与理解翻译？如何促使翻译在社会发展、文化建设以及中国文化软实力与国际影响力的提升中彰显其应有的价值？在当前对翻译价值的认识中，除了我前面提到的对翻译的工具性定位的倾向之外，还有一种倾向也值得注意和警惕，就是对翻译的单向性定位，把翻译活动看作一种单向性的活动，只重输出或只重接受，而没有真正以文化双向平等交流为根本目标来思考相关翻译问题。这一点在中国文学外译与传播中表现得较为明显，并导致了某些狭隘、功利和单向性的翻译观念与翻译行为。实际上，我们应该看到翻译的交流与沟通作用对两种文化都是非常有益且必要的，双向平等交流不仅是翻译文化价值得以实现的保证，更是各种文明真正得以交流互鉴、通过他者之镜认识自身并丰富自身的保证。这些问题、倾向和思考都需要我们在把握翻译本质、考察翻译历史语境的基础上形成科学的翻译价值观。

刘云虹：翻译价值观的最终形成，既有赖于对翻译本质的认识、对翻译历史语境的考察，有赖于对翻译目的、翻译过程以及翻译模式和方法的分析与思考，又将反过来帮助我们对翻译路径、翻译模式与方法、翻译原则等翻译的根本性问题进行准确合理的认识和把握，进而更有效地发挥翻译之用，推进翻译事业的发展。目前，在各界对中国文学外译与传播的普遍关注中，以忠实为原则的翻译观念、翻译方法以及译者作为翻译主体在翻译过程中的价值判断与选择等一系列重要翻译问题在翻译界、文学界乃至整个文化界都引发了不小的争议。某些模糊不清的认识、某些绝对化的观点甚至使翻译的合法性与价值在某种程度上受到拷问。对此，翻译界不应拘泥于对问题或现象的表面化探讨，也不应局限于单纯的文本分析和个案研究，而要从翻译具有的社会、文化和创造等多元价值出发，从中国文化走向世界、与异域的他者文化进行平等交流与对话的诉求出发，以历史的目光、发展的立场和开放的视野，对中国文化"走出去"这一时代语境下的文学译介问题进行全面而深刻的反思。只有这样，才能杜绝翻译观念与翻译行为的功利主义倾向，也才能真正有效地推进文学的译介与文明的交流互鉴。同样，翻译价值观的最终形成，有助于我们准确认识与把握翻译主体在翻译过程中所做的选择及其意义，深化对翻译主体与翻译过程的研究。我曾以林纾、鲁迅和傅雷的翻译为例，对翻译方法的选择与翻译价值目标之间的关系进行了探讨。通过分析发现，无论是林纾的"意译"、鲁迅的"直译"，还是傅雷对"以流畅性与可读性为显著特征的译文语体"①的运用，三位译者对翻译方法的选择在很大程度上都取决于他们心目中翻译所承载的价值。您对傅雷的翻译有非常深入的研究，能否请您就如何认识傅雷的翻译及其价值谈谈看法？

许钧：好的。傅雷的翻译是中国翻译史上的一座里程碑，不仅与他的赤子之心、人文情怀相连，与他的翻译精神相连，更与时代、与国家和民族的命运紧密相连。我们应从社会、文化和历史等多个方面对傅雷的翻译及其价值加以认识和把握。就社会价值而言，傅雷作为"五四"精神的继承者，始终以开启民众之心、激发民众之情为自己的社会责任。在风雨飘摇的时代，他选择翻译罗曼·罗兰的《巨人三传》和《约翰·克利斯朵夫》等作品，完全出于他对民族命运的深切忧虑，出于他希望将激情和光明带给国人的拳拳爱国之心。通过翻译启迪民心、拓展民智、振奋民情，对于当时中国社会的发展有着莫大的影响，对于当时苦闷而迷惘的中国青年有着莫大的激励，其社会价值不可谓不重大。就文化价值而言，傅雷的翻译对法国文学和文化在中国的传播发挥了不可估量的作用，罗曼·罗兰和巴尔扎克在中国的巨大影响很大程度上得益于傅雷的精妙翻译。此外，傅雷翻译的文化价值尤其体现在中国传统思想与西方美学思想的结合上。在毕生的翻译活动中，傅雷始终以沟通东西方文化为己任，并始终选择站在人

---

① 刘云虹. 选择、适应、影响——译者主体性与翻译批评.外语教学理论与实践，2012(4)：51.

类文化的高度思考东西方文化问题，主张以"化"和"通"的方式融合东西方文化。这种思考无疑具有重要的时代意义。当下，跨文化交流的根本目标在于既要保持中华民族传统文化的灵魂，又要吸取西方文化的精华，将二者结合起来以创造出与时代相适应的独特的中国新文化。这是傅雷翻译给予我们的最大启示。就历史价值而言，傅雷既是一位翻译家，也是一位思想家，他的翻译不仅具有文字和文学的价值，更有着深厚的文化思想价值。傅雷的翻译是与其知识分子的精神、文艺家的追求和思想家的胸怀相契合的，傅雷翻译的价值通过历史文化的空间保存下来并将不断发扬光大，同时也必将随着社会历史的发展而不断得到丰富和拓展。在我看来，要真正理解傅雷和他的翻译，就必须对"翻译"这两个字有深入的理解，只有理解了翻译，把握了翻译的重要价值，才有可能打开一条通路去认识和理解傅雷的翻译以及翻译背后的傅雷。

刘云虹：是的。傅雷先生的翻译是一笔十分宝贵的精神财富，其中凸显出的思想文化价值与时代意义对于我们今天认识翻译、理解翻译都是不可或缺的。正如习近平主席所指出的，"在 21 世纪的今天，几千年来人类积累的一切理性知识和实践知识依然是人类创造性前进的重要基础。只有不断发掘和利用人类创造的一切优秀思想文化和丰富知识，我们才能更好认识世界、认识社会、认识自己，才能更好开创人类社会的未来"①。在人类优秀思想文化和丰富知识的发掘与利用中，以交流、传承、沟通、创造与发展为本质价值与精神属性的翻译必然任重道远。只有从思想传承、文化交流、社会发展、语言创新与服务等多个层面对翻译的价值加以探讨与把握，才能促使翻译最大程度地发挥其应有的作用。

（原载于《中国翻译》2017 年第 6 期）

---

① 习近平. 在纪念孔子诞辰 2565 周年国际学术研讨会暨国际儒学联合会第五届会员大会开幕会上的讲话. 人民日报，2014-09-25(02).

翻译中的"异"让我们深刻认识到，翻译的本质以及翻译活动中遭遇的种种"异"的考验归根结底都在于"自我"与"他者"的关系，或者，更确切地说，在于对"自我"与"他者"关系的认识与理解、立场与态度。异语间的交流，就是不同文化之间的交流。在这种交流中，各自的独特性虽然为对方通过他者之镜认识自己、丰富自己提供了可能，但也在很大程度上成为一种严峻的考验。

异的考验

——关于翻译伦理的对谈

一、翻译因"异"而起，为"异"而生

刘云虹：许老师，您好！在近期的翻译研究中，中国文学外译与传播是一个非常重要的话题，对于翻译在其中究竟扮演怎样的角色、发挥怎样的作用，学界关注和讨论得都比较多，对翻译观念、翻译方法等翻译的根本性问题甚至存在不小的争议和质疑声。我也从翻译批评的角度，对翻译在中国文化"走出去"背景下面临的问题、挑战以及肩负的责任进行了反思。过去，无论翻译实践还是翻译研究，译学界主要把目光投向"外译中"，对翻译的探讨也往往基于对我国翻译史上的三次翻译高潮的考察与反思。而当前，在翻译路径、形式和目标在新的历史语境下都发生了显著变化，尤其是在中国文学"走出去"的

期待与现实之间存在巨大落差的情况下，我想，问题的关键在于如何真正将翻译活动置于多元文化交流的视野下来加以认识和理解。从根本上讲，翻译力求打破文化隔阂、促进不同文化之间的相互了解与融合，是自我与他者之间的一种双向交流活动。从这个意义来看，翻译活动中涉及的许多重要问题，就本质而言，是伦理层面的，也就是如何认识和对待自我与他者的关系问题。西方翻译界普遍将"翻译伦理"这一术语的提出归功于法国当代著名翻译家和翻译理论家安托万·贝尔曼，有学者认为，正是贝尔曼1984年出版的《异的考验——德国浪漫主义时代的文化与翻译》一书继"文化转向"之后直接引发了翻译研究的"伦理转向"。"异的考验"，不仅是一个很有意思的书名，更是一个发人深思的伦理问题。您是国内译学界最早关注翻译伦理问题的学者之一，我记得，您1998年就在《外语教学与研究》上发表过相关的论文《论翻译活动的三个层面》。您在文中对翻译的道德层面，也就是翻译伦理问题，进行了深入剖析，并指出翻译活动的全过程，从翻译对象的选择、翻译方法的运用，到翻译作品的生产与传播，无一不受到这一层面的约束和影响。此外，您还指导了以《翻译与翻译伦理》为题的博士论文，在该论文基础上出版的《翻译与翻译伦理》一书已经成为目前翻译伦理研究的重要参考书目之一。作为较早提出翻译伦理观的学者，您认为"异"对于翻译而言意味着什么？或者说，应该如何看待翻译中的"异"？

许钧： 就像你刚刚所说的，翻译是不同语言和文化之间的双向交流活动，这就从根本上决定了，对翻译研究来说，"异"是一个特别重要的问题。首先，翻译的缘起正在于一个"异"字，也就是说，没有"异"，便没有翻译的必要性。用德里达的话说，如果上帝没有变乱语言，导致不同语言的出现，并且各种语言又有不可简约的多样性，那么人类就不需要进行翻译。从这个意义上看，翻译活动是因语言之"异"而产生的。我们知道，翻译远不是单纯的语言转换行为，而是一种涉及语言、文化、社会、历史、意识形态等诸多要素的复杂活动，因此，除了语言之间的"异"，还有与之相关的思维、文化等更深层的"异"，不同民族的文化之间具有差异性，这是不可否认的基本事实。其次，翻译的障碍也在于一个"异"字。世界之异、思维之异、语言之异、文化之异，翻译活动中要面对的这些"异"不仅从根本上构成了翻译的必要性，也在具体的翻译实践中导致了实际的翻译障碍与困难。只要有过翻译经历的人，对此都会有切身体验。翻译家们的体会就更为深切，我记得，傅雷曾在《高老头》重译本的"序"中，对翻译者在翻译活动中所能遭遇到的各种"异"进行了相当全面而深入的梳理，总结出十一个"不同"，包括两国文字词类的不同、句法构造的不同、文法与习惯的不同、修辞格律的不同、俗语的不同、反映民族思想方式的不同、感觉深浅的不同、观点角度的不同、风俗传统信仰的不同、社会背景的不同以及表现方法的不同。①正是由于这些来自语言、社会、文化与思想方式等方面的差异，翻译活动面临诸多障碍，也无时无刻不遭遇着"异"的考验。

刘云虹：的确，对"异"的认识和理解无论在翻译实践还是翻译研究中，都是极为重要的问题。不仅傅雷这样的翻译家对此深有感悟，很多翻译研究者对"异"带来的翻译障碍也有过深入的分析和阐释。例如，奈达归纳了生态环境、物质文化、社会习俗、宗教文化等方面的差异；而乔治·穆南既从语言的意义单位、句法结构、形式功能、交际环境等方面梳理了不同民族语言之间的差异，也分析了文化具有的多样性和差异性对翻译构成的障碍，除了文化、社会、宗教等方面之外，他还特别强调了意识形态上的差异。就本质而言，"异"构成了翻译的必要性，导致了翻译的障碍与困难，所以，乔治·穆南提出："翻译不总是可行的。它仅在某种程度上、在某些限度中可行。"②这一重要观点可以说正源于对翻译活动必然遭遇的各种差异的深刻理解。那么进一步来看，翻译的根本任务实际上同样在于一个"异"字，也就是克服"异"造成的各种障碍，以促成思想的沟通与文化的交流。

许钧：你说得很对。翻译的根本目的，就是在克服并表现"异"的同时，让这些"异"之间不隔绝，并在碰撞与融合中

---

① 傅雷.《高老头》重译本序//罗新璋，陈应年. 翻译论集（修订本）. 北京：商务印书馆，2009：623-624.

② Mounin, G. *Les problèmes théoriques de la traduction*. Paris: Editions Gallimard, 1963: 273-274.

形成一种相互联系、相互渗透的关系，以达到自身的进一步发展与丰富。既要克服差异，又要表现差异，这不能不说是翻译的一个悖论。但正因为如此，翻译中的"异"让我们深刻认识到，翻译的本质以及翻译活动中遭遇的种种"异"的考验归根结底都在于"自我"与"他者"的关系；或者，更确切地说，在于对"自我"与"他者"关系的认识与理解、立场与态度。异语间的交流，就是不同文化之间的交流。在这种交流中，各自的独特性虽然为对方通过他者之镜认识自己、丰富自己提供了可能，但也在很大程度上成为一种严峻的考验。"异"的考验不仅体现在语言的差异给翻译造成的障碍上，更表现在对"异"的认识上，体现在对待异域文化的态度上。从中外翻译史和历史发展的角度来看，无视、轻视或仰视异域文化的态度都有悖于翻译的本质及其促进不同文化间平等交流这一根本目标。在我看来，一方面，翻译的缘起、障碍和根本任务都在于一个"异"字；另一方面，正如贝尔曼所强调的，翻译伦理就在于"从理论层面揭示、肯定和捍卫翻译的纯粹目标"①，因此，对"异"的态度实际上构成了翻译伦理的重要维度之一。

二、差异与尊重：翻译伦理的本质诉求

刘云虹：无论翻译是交流、是行动，还是对话，翻译活动

---

① Berman, A. *L'Epreuve de l'étranger*. Paris: Editions Gallimard, 1984: 17.

都反映出自我与他者的关系，而伦理正是人际关系的规律和规范；再者，翻译是一个充满选择的过程，其间面临的种种选择无不取决于翻译的价值目标，而伦理是对自我与他者之间合理关系的界定，因而可以说也正是一种价值观的体现。亨利·梅肖尼克对"伦理"的概念有过这样的表述："伦理，就是让自己成为什么，让他人成为什么。伦理，是一种行动，是创造价值。"①因此，自从 1984 年贝尔曼提出"翻译伦理"的概念并呼吁展开翻译伦理研究以来，对翻译伦理的探索与思考一直是翻译研究中不可或缺的内容。不少关于翻译伦理研究的重要著作相继出版，2001 年，著名的《译者》杂志出版了特刊《回归伦理》，在西方和国内翻译界都产生了广泛影响。不过，就像芭芭拉·戈达尔所说，翻译行为中涉及的"不是一种而是多种伦理"②，翻译伦理的内涵十分丰富，民族、身份各异的研究者往往对翻译有不同的定位，对翻译的价值也有不同的理解，并且，一种翻译伦理观的提出，往往基于某一时代背景下翻译活动所触发的特定伦理危机。正因为这样，我们可以看到，翻译伦理在不同民族、不同身份、不同翻译观和不同时代背景的研究者那里呈现出形而上的、政治的、功能主义的等不同特征，既有贝尔曼的"尊重他异性"的翻译伦理、韦努蒂的"存异"和"因地制

---

① Meschonnic, H. *Etique et politique du traduire*. Lagrasse: Editions Verdier, 2007: 19.
② Godard, B. L'Ethique du traduire: Antoine Berman et le « virage éthique » en traduction. *TTR*, 2001(2): 58.

宜"的翻译伦理、诺德的"功能"加"忠诚"的翻译伦理，也有谢莉·西蒙的"彰显女性差异"的翻译伦理、斯皮瓦克的"保留第三世界语言文化差异"的翻译伦理，还有切斯特曼的再现伦理、服务伦理、交际伦理、基于规范的伦理和承诺伦理五大伦理模式，以及皮姆的从文化间性出发的译者伦理，等等。我想，尽管翻译研究中存在形形色色的翻译伦理观，但其中必然有某些共同的核心概念，例如，我们刚刚所讨论的"差异"就是翻译伦理的核心概念之一。

许钧：是的，不同语言与文化之间的差异性构成了翻译的必要性。如何认识与对待不同语言和文化之间的差异性，必然是翻译伦理研究的重要内涵与本质目标。这里包含两个层面，一是如何认识差异；二是如何对待差异。因此，除了"差异"之外，翻译伦理中至少还有另一个核心概念，涉及对待语言和文化异质性的态度，那就是"尊重"。贝尔曼对翻译伦理的思考在中西翻译研究领域都产生了深远影响，他的翻译伦理观被定位为"尊重他异性的翻译伦理"。这就表明，在他的翻译伦理思想中，"尊重"一词具有极为重要的核心地位。就像你说的，一种翻译伦理观的形成在很大程度上与翻译现实紧密相关。贝尔曼对翻译伦理的关注正是源于他对西方翻译传统中长期存在的"民族中心主义翻译"和"超文本翻译"的深刻反思。他认为，这两种翻译形式引发了人们对翻译活动的批评和谴责，都可以被称为"糟糕的翻译"。究其原因，无论"民族中心主义翻译"

还是"超文本翻译",都以自我文化为中心和归宿,只注重对出发语文本中意义的传达,进而"在可传达性的外衣下对异域作品的异质性进行系统否定"①。而在贝尔曼看来,这是与翻译所肩负的"通过异域的媒介来丰富自我"②这一最终目标背道而驰的。实际上,贝尔曼对于翻译伦理问题的思考与他对于翻译本质的理解有着直接关系。在他看来,"翻译的本质是开放、对话、交杂和非中心化。翻译要么处于关联之中,要么什么都不是"③。文学作品并不传达任何形式的信息,而是向一个世界的经验开放,同样,翻译也不能被理解为一个从出发语到目的语的"信息"传递过程,翻译的本质在于通过书写层面与他者展开的某种联系,最终经由他者返回自身、观照自身、丰富自身。因此,他明确提出,"翻译的伦理行为在于把'他者'当作'他者'来承认和接受"④。这就意味着,贝尔曼心目中的"伦理"并不指向翻译得以完成的某种规范或保证,而是将"他者"作为"他者"向自我的语言空间开放,在异域语言与自身语言之间,进而在他者与自我之间建立一种对话关系,并以对自我的革新与丰富为最终目标。基于这样的立场和认识,贝尔曼认为,忠实是翻译的自身目标和内在需要,翻译伦理就在于如何定义"忠实",忠实"是人对于自我、对于他者、对于世界和对于经验,

① Berman, A. *L'Epreuve de l'étranger*. Paris: Editions Gallimard, 1984: 17.
② Berman, A. *L'Epreuve de l'étranger*. Paris: Editions Gallimard, 1984: 16.
③ Berman, A. *L'Epreuve de l'étranger*. Paris: Editions Gallimard, 1984: 16.
④ Berman, A. *La traduction et la lettre ou L'auberge du lointain*. Paris: Editions du Seuil, 1999: 74.

当然也是对于'文本'的某种'态度'"①。显然，这里的"某种态度"指的就是"尊重"，尊重原作、尊重原作中语言和文化的异质性。这是贝尔曼翻译伦理思想的核心内容，也是他心目中翻译的伦理目标。应该说，如何对待"异"与"同"，如何协调"自我"与"他者"之间的关系，是理解翻译伦理问题的关键，"差异"和"尊重"是其中非常重要的两个维度。

刘云虹：贝尔曼从翻译的根本属性与最终目标出发，将伦理视为翻译自身的本质诉求，提出翻译伦理的关键在于尊重他者作为相对于自我的另一种存在的他异性。"尊重"这一翻译伦理的核心概念不仅在贝尔曼那里具有举足轻重的意义，在其他很多翻译伦理研究者那里也同样如此。如韦努蒂认为，翻译的伦理就是尽可能尊重语言和文化的差异。不过，贝尔曼心目中的翻译伦理主要指向一种自我认知，即在他者的映照中、在"异"与"同"的辩证关系中，作为精神活动的翻译促使本土语言变成另一种潜在的面貌，进而有助于改造本土语言并由此实现社会的文化革新。对于韦努蒂来说，翻译在本质上是一种文化政治行为，通过对文化身份的塑造，翻译对社会产生着持续而深远的影响，并"将在地缘政治关系中强化国家间的同盟、对抗和霸权"②，因此，翻译伦理不仅与文化密切相关，还是一种翻

---

① Berman, A. *La traduction et la lettre ou L'auberge du lointain*. Paris: Editions du Seuil, 1999: 74.
② 韦努蒂. 翻译与文化身份的塑造. 查正贤，译. 刘健芝，校//许宝强，袁伟. 语言与翻译的政治. 北京：中央编译出版社，2001：360.

译政治的深刻体现。应该说，韦努蒂的翻译伦理观不仅立足于他对翻译本质的理解，也在很大程度上源于对英美文化中心主义的抵抗、对英美等发达资本主义国家的文化霸权的抵抗。在他看来，翻译伦理展现的是始终处于不对等关系中的各种语言和文化之间的权力关系。鉴于此，他提出翻译的"差异性伦理"，提倡保留异域文本的异质性的"异化翻译"以及对抗本土文化的主流价值利益与意识形态的"少数化翻译"，并通过这两种话语策略实现翻译的伦理。也就是说，通过促使不同文化之间的相互认同，翻译以拓展对不同于本土语言的另一种语言和文化的理解与尊重为伦理目标。可以说，从翻译政治的角度，韦努蒂同样凸显了"尊重"在翻译伦理中的核心地位。

许钧：韦努蒂的观点很有启发性，在世界经济走向一体化的今天，如何警惕和抵抗文化霸权，可以说是人类共同面临的挑战。应对挑战的首要途径就是坚决维护文化的多样性。文化多样性是交流、革新和创造的源泉，是人类的共同遗产，对人类来讲就像生物多样性对维持生态平衡那样不可或缺。联合国前秘书长加利先生曾明确表示，世界的民主与和平有赖于语言的多元与文化的多元。从历史发展的角度来看，从封闭走向开放，从单一走向多元，主动地以开放的心态与异质文化进行交流与对话，从而在自我和他者的碰撞与融合中理解自身、丰富自身，是人类文明发展的必由之路。无论在物质世界还是在精神世界，"异"都是一种必然的存在，有"同"而无"异"，就没有了世界的多样性和丰富性，也就失去了创造与发展的动力和源泉。《道德经》说得好："道生一，一生二，二生三，三生万物。"从一到万物，这体现出一个从同到异、从无到有的发展规律和渐进过程。换句话说，和实生物，同则不继，这也从本质上说明了"异"和保护"异质"的重要性。就像德里达所说，翻译就是"那在多种文化、多种民族之间，因此也是在边界处发生的东西"①，没有了在多种文化的接触、碰撞中起沟通作用的翻译，就无法保证世界各民族文化的共存、交融与发展。交流、传承、沟通、创造与发展，这五个方面正是翻译的本质价值与精神所在。我们身处一个发展与危机并存的时代，维护文化多样性，并促使其"有助于加强世界和平文化的建设"，是翻译不可推卸的历史使命。对文化多样性的维护，突出的正是对保护语言和文化异质性的追求。因此，承认差异和尊重差异便构成保护并发展文化多样性的必然前提。也就是说，无论从翻译的沟通与交流的根本属性来看，还是就翻译维护文化多样性的历史责任而言，对他者的尊重、对异质性的保留与传达，都是翻译伦理的本质诉求。

三、尊重差异：文学译介活动的伦理守望

刘云虹：确实，在我们这个交流的时代，翻译不仅是不同

---

① 德里达. 书写与差异. 张宁，译. 北京：生活·读书·新知三联书店，2001：22.

民族、不同文化之间相互沟通的必然途径，也会对不同民族、不同文化之间相互关系的演变与确立产生深刻影响，并对文化多样性的维护、对世界和平文化的建设发挥积极作用。从这个意义上，我们再一次看到，翻译具有内在的伦理属性和伦理目标，而尊重他者、尊重差异正是实现翻译伦理目标的基础与核心。应该说，对翻译伦理的探索与思考不仅是翻译研究的重要维度，并且在中国文化"走出去"的时代背景下凸显出重要的现实意义。目前，中国文学的外译与传播颇受关注，同时，其中的一些翻译问题也引发了种种疑问和争议，文化界和学界甚至对中国文学如何能更好地"走出去"表示出或多或少的怀疑与担忧，翻译的合法性与价值也因而在某种程度上受到拷问。我觉得，其中关于翻译观念和翻译方法等涉及翻译的根本性问题大都涉及伦理层面，应突破问题的表面或单纯的文本研究和个案研究，从翻译伦理出发，进行全面的检视与深入的思考。中国文学外译与传播中的翻译方法与翻译观念问题，既是翻译研究的重要命题，也是莫言获得诺贝尔文学奖之后学界对于翻译的讨论中引起热议的问题，各方观点存在较大分歧，我自己有一些想法，也想向您请教。关于翻译方法，我们看到，2012年度诺贝尔文学奖一经揭晓，国内媒体和学界都不约而同地把莫言的获奖首先归功于翻译，尤其是葛浩文式"连译带改"的翻译。在媒体的助力下，这种翻译方法得到部分翻译学者的大力推崇。国内文学评论界却对此并不认同，多有质疑和批判的声音，甚至在某种程度上将翻译与诸如"影子""包装""欺骗"等颇具负面色彩的用语关联在一起，与对中国文学、文化的误读和曲解联系在一起，进而对翻译在中国文学外译中发挥的作用也提出了疑问。我们知道，无论翻译策略的选择，还是翻译方法的运用，表面上看是翻译的语言层面和技术层面问题，但实际上与文化交流的立场和态度直接相关，或者，就像贝尔曼所说，这首先是伦理问题，其次才是方法问题。对此，您怎么看？

许钧：你的想法很有道理。文学译介与传播中的翻译方法问题，就其本质而言，折射的是跨文化交流中如何看待语言文化异质性、如何对待他者文化的伦理问题，非常有必要从翻译伦理的角度进行深入思考。中国文学"走出去"是一种跨文化交流，但这不能仅仅体现在两种语言之间形式上的转化，而要在真正承认差异、尊重差异的基础上确实树立一种双向交流的观念，这种交流既是不同文化间相互的沟通，更应意味着不同文化间平等而长远的对话与融合。这是中国文学"走出去"的深层次目标和意义所在，也是翻译这项跨文化交流活动的根本任务与使命所在。就像你刚刚提到的，如果翻译只是一个"影子"或一种"包装"，那么经由这样的翻译"走出去"的究竟是不是真正的中国文学、中国文化，就很值得怀疑了。如果"走出去"的不是真正的中国文学，而是经过翻译"改头换面"的中国文学，那么这样的"走出去"到底值不值得追求与期盼，就很值得深思了。归根结底，翻译如果在某种程度上成为文化误读或文化过滤的同谋，那就完全背离了翻译在其跨文化交流本质下的根本目标。因此，在"异"的考验中检视翻译对他者的立场与态度、对"异"的认识与处理方式，是翻译伦理的要求，也是对翻译的必要性与价值的维护。换句话说，在中国文化"走出去"的进程中，对他者的尊重、对语言文化异质性的保留与传达，理应成为一种对伦理的守护、一种具有本质意义的追求。

刘云虹：您说得非常对，文学译介与文化传播密切关联，但这并不必然或直接意味着我们对于翻译活动的认识与理解被真正置于多元文化平等交流的视野下。从文学与文化交流的角度而言，异质性是文学的根本，也是文化的根本。为了方便阅读和推广而抹去一部作品的异质性，这样的翻译从表面上看也许会利于接受和传播，但最终导致的结果只能是对作品的歪曲、对读者的欺骗以及对文化的误读与曲解，因此，也必然与翻译内在的伦理要求背道而驰。作为一位美国译者，葛浩文无论旗帜鲜明地提倡"为读者翻译"，还是在很大程度上"只考虑美国和西方的立场"，似乎都无可厚非，但从国家文化建设的战略高度来看，中国文学"走出去"并不是某位作家、某部作品的诉求，也不是某个社会群体或某种文学类别的诉求，而是中国文化走向世界、与异域的他者文化进行平等交流与对话的诉求，任何对文学和文化的曲解、误读和过滤都是与这一根本诉求相违背的。对葛浩文式"连译带改"的翻译，不仅文学评论界多有质疑的声音，顾彬、何碧玉、高立希等多位汉学家也持不同意见，认为对中国文学作品中的语言文化异质性的再现与维护具有文学、美学和文化等多重意义上的重要价值。作为文学创作者的作家对此同样具有鲜明立场，高尔泰就是一个典型例子。他因为无法接受葛浩文对其作品的删改而最终"不识抬举"地坚决拒绝了葛译本，在他看来，葛浩文对原著的处理令人"无法接受"，"所谓调整，实际上改变了书的性质。所谓删节，实际上就是阉割"①。而对于葛浩文的翻译，高尔泰直言，受到文化的过滤，"被伤害的不仅是文字，还有人的尊严与自由"②。这不能不引人深思。我想，部分学者和媒体对葛浩文式"连译带改"的翻译方法的推崇，实际上凸显了目前翻译界和文化界在中国文化"走出去"进程中表现出的某种急于求成的功利主义倾向。

许钧：确实如此。针对目前中国文学、文化"走出去"背景下涉及翻译的种种争议与困惑，必须警惕和克服功利主义倾向，并在功利性被广泛接受与文化特性真正被尊重、被认识、被传达的关系中思考翻译方法与翻译模式的合理性和有效性。为此，首要的是以历史的目光，理性地认识译入翻译与译出翻译之间的差异性和不平衡性。文化的翻译与传播，从本质上来说，是以两种语言为本体的双向交流，受到历史、文化、社会、政治、诗学观念以及意识形态等多种内部和外部要素的共同影

---

① 高尔泰. 草色连云. 北京：中信出版社，2014：92-93.
② 高尔泰. 草色连云. 北京：中信出版社，2014：89-90.

响与制约，因此，译入与译出这两种翻译活动，由于时代背景、意识形态、接受环境、诗学原则、传播手段、译者身份等各不相同，必然存在一定的差异。这是翻译活动的基本事实与客观存在。中国对外国作品的译介走过了相当长的历史时期，其中三次翻译高潮所涉的主要原文文本经历了从宗教文献到科技文献到人文作品的跨越。在一百多年的文化译入史中，中国作为译入国逐渐形成了一个相当成熟和宽容的接受环境，对于陌生的语言风格、文化习性、诗学观念能够有较高的接受程度，不会轻易地排斥或拒绝译本所包含的迥异的语言与文化特性。相比之下，中国文学作品的译出和外国文学作品的译入无论在时间上、数量上还是效果上都存在明显的失衡现象，图书版权贸易逆差的情况一直非常突出。中西文化接受上的严重不平衡导致的结果就是，中国与西方国家在文化接受语境和读者接受心态两方面存在显著差距。译介与传播活动的基本事实、客观规律以及中西文化接受的不平衡都告诉我们，中国文学对外译介与中国文化对外传播过程中必然凸显出无法避免的阶段性特征，一蹴而就地接受并不现实。同样必须明确的是，既然是阶段性特征，那么就会随着历史发展过程中两种语言文化之间相互关系的演变而不断变化，任何阶段性的翻译方法都是当下的一种选择，不应遮蔽中国文学、文化"走出去"的本质目标与根本追求。也就是说，葛浩文式的翻译方法虽然在目前阶段有一定的合理性和必要性，但绝不能片面地将其视为中国文学外译中唯一正确的方法、唯一可行的模式。

刘云虹：基于这样的认识，我们可以合理想象，随着中国文化在对外交流中的内容日益丰富多元、影响力日益提高，中西文化交流的差距和障碍将逐渐缩减，西方读者对翻译的准确性和完整性也将提出更高的要求，毕竟原汁原味的译本才能最大限度地再现文学的魅力。翻译永远是具有历史性的活动，翻译的最终目标只能暂时地、部分地实现。尽管如此，"忠实"和"准确"仍然是翻译最重要、最根本的原则之一，而翻译的"忠实"关键就在于对翻译最终目标的忠实。正是在这个意义上，贝尔曼一再强调：翻译不是方法的，而是伦理的，并且认为，翻译伦理的关键就"在于如何定义'忠实'"[①]。说到翻译的忠实性，这也是近期围绕中国文学外译与传播的讨论中备受争议的一个问题。翻译界和媒体不时发出"尽快更新翻译观念"的呼声，认为"忠实于原文"这一传统翻译观念已经陈旧、过时，已经"成了影响中国文学和文化'走出去'的绊脚石"，甚至明确提出"好的翻译可'连译带改'"[②]。对于这样的观点，您觉得应该如何看待和应对？

许钧：这让我想起了中国香港翻译界 20 多年前发生的一场重要论争。周兆祥质疑"翻译"的传统形态，认为"改写、编译、节译、译写、改编"等也是"堂堂正正的翻译方法"[③]。刘

---

① Berman, A. *L'Epreuve de l'étranger*. Paris: Editions Gallimard, 1984: 17.
② 刘云虹，许钧. 文学翻译模式与中国文学对外译介——关于葛浩文的翻译. 外国语，2014(3): 11-13.
③ 许钧. 翻译论（修订本）. 南京：译林出版社，2014：21.

靖之则认为，以满足读者需要的名义，任意增删、重写原文，在思想上容易造成混乱，在实践上"贻害极大"。两位学者的论争实际上给译学界提出了一个重要的理论问题：如何界定翻译活动的范畴？在我看来，人类翻译历史悠久，翻译形式、对象、方法等都在不断丰富，翻译史上既有"忠实"的全译，也有"不忠实"的改译，译学界应该关注历史上出现的种种翻译现象，对之进行全面揭示并做出合理的解释，而不是在某种现象、变化或功利性目标的驱动下轻易对传统和历史加以否定。翻译在历史的发展中不断发展，同时也推动着历史的发展，我们不能把对翻译的阶段性认识当作对翻译的终极理解。我们看到，在中国文化"走出去"的时代背景下，翻译遭遇新的问题、面临新的挑战，各界提出了不少有关翻译的重要问题，比如：翻译在中国文化"走出去"的战略实施中应该承担怎样的责任？如何避免中国文学和文化在"走出去"过程中遭受误读或曲解？如何克服障碍，使中国文学与文化得到真实的、有效的传播？我认为，中国文学外译承载着中国文化对外传播与交流的战略意义，在目前"忠实"概念不断遭到质疑和解构的现状下，对"忠实性"的坚守，既是翻译伦理的要求，也是思想与文化继承和传播的必要条件。

刘云虹：这一点非常重要。联合国教科文组织的一份调查显示，1995 年以后，中国与美国、日本、英国和法国被列为世界文化贸易的前五位，中国出口的文化商品 50%以上是游戏、文教娱乐和体育设备器材，是世界文化硬件出口第二大国，但在"文化软件"的出口上，却远远落后于五强的平均水准。这就说明，思想文化的传播恰恰是当前中国文化国际传播中最薄弱的环节。正因为如此，虽然中国戏曲、中国功夫等传统文化在国外颇受青睐，但中国文化经典在西方遭到误读甚至歪曲的例子却屡见不鲜。所以说，任何翻译方法的选择、翻译观念的树立都应基于把中国思想文化中最本质、最精华的部分真实地传达给世界这个根本目标。这里的"真实"首先意味着对他者文化、对异质性最大程度的承认、接受和尊重。这是翻译活动在自身伦理目标下义不容辞的责任。许老师，我最后还想请教您一个问题。关于翻译研究，一直有各种"转向"的说法，有语言转向、文化转向，也有学者提出社会转向和伦理转向。各种转向对翻译研究而言意味着什么，各种转向之间的关系该如何理解，能否请您谈谈看法？

　　许钧：对于这个问题，我认为，最重要的一点是一定不能局限于一种非此即彼的排他性思维。翻译研究有各种不同的途径，为我们加深对翻译活动的认识与理解提供了方法论的参照，无论语言学研究途径、文化研究途径，还是后殖民主义研究途径、女性主义研究途径，等等，都不是排他性或颠覆性的。多元的方法论正是一门学科建立的标志之一。从翻译研究的历史和现实来看，所谓的转向，都不是从根本上对另一种研究途径的否定，而是呈现出并存和互补的关系，是某种补充、深化或丰富。原因不难理解，不同的研究途径会给我们认识翻译和理解翻译提供一种新的视角、开启一种新的可能性。例如，翻译研究的文化转向在深化人们对翻译活动复杂性和文化历史属性的认识过程中发挥了至关重要的作用，但我们不应该在强调文化研究途径时忽视甚至否定其他研究途径的必要性和贡献。再如，我曾经强调，翻译研究要避免泛文化倾向，要回归翻译研究的本体，但这并不意味着要以语言学研究途径取代文化研究途径，事实上也无法取代，而是希望将研究目光拉回到翻译本身，让翻译理论探索围绕翻译活动展开。同样，我们今天谈的翻译伦理问题非常重要，很有现实意义，但也只是翻译研究的一个维度或一个层面，不应取代或遮蔽翻译研究的其他必要途径。只有立足于翻译活动在社会、文化、语言、创造和历史方面的多重属性，从互为补充的多元角度深入探索，翻译活动才能得到更深刻、更全面的认识，翻译研究才有可能不断得以深化。

（原载于《外国语》2016年第2期）

这一个个名字，不仅与某位作家、某种思潮或流派紧密地联系在一起，而且想到他们，我们会感觉到中国的文明发展史、中外的文化交流史仿佛有了生命，是鲜活的，是涌动的。这些翻译家就像是一个个重要的精神坐标，引发我们对中华文明的延续与发展、对中外文化的交流与互鉴进行更深刻的思考。

走进翻译家的精神世界

——关于加强翻译家研究的对谈

一、重新认识翻译家的在场

刘云虹：许老师，您好！在新的历史时期，翻译活动呈现出前所未有的丰富性与复杂性，翻译与翻译研究也受到学界的普遍关注。我发现一个有意思的现象，在近期关于翻译的探讨与研究中，翻译家似乎越来越走向前台。《中国翻译家研究》（三卷本）的出版颇令人瞩目，这套书遴选了中国翻译史上最具代表性的近百位翻译家，述评其生平、翻译活动、著译作品、翻译思想及翻译影响，可谓是对我国翻译家群体的一次集中展现。在您总主编的"翻译理论与文学译介研究文丛"中，两本关于翻译家研究的著作《杨宪益翻译研究》和《葛浩文翻译研究》新近也先后出版。我知道，您近期还在《中国翻译》开设了《译家研究》专栏，主旨就在于全面深刻地理解翻译家的活动、评价翻译家的作用。进入 21 世纪，特别是近十年来，随着中国文化"走出去"战略的实施，中国文学在国外的译介与传播得到了有力推动，尤其是莫言获得诺贝尔文学奖之后，莫言作品的几位主要译者也一改往日的"隐形人"身份，在中国似乎一夜成名，如美国的葛浩文、法国的杜特莱、瑞典的陈安娜等。作为翻译活动的主体，翻译家对于翻译实践的开展及整个翻译史的书写都具有不言而喻的重要意义。就如何科学认识与评价翻译家及其贡献，我也有过一些思考，今天，想聚焦这一方面，着重向您请教关于如何进一步加强翻译家研究的一些问题。

许钧：我同意你关于翻译活动在新的历史时期日趋丰富与复杂的基本判断，我们也曾就如何把握翻译的丰富性、复杂性与创造性进行过比较深入的讨论。当时我说，如何认识翻译、理解翻译，是翻译研究的出发点，而对翻译主体在翻译活动中的核心地位与能动作用的把握则构成认识与理解翻译的基本内涵之一。翻译活动越是丰富、越是复杂，就越不能忽略翻译主体，尤其不能忽略优秀的翻译家。在数千年的翻译史中，由于翻译活动与生俱来的所谓"从属性"，加之人们对翻译的认识曾长期局限于语言层面，译者往往被定位为仆人的角色，至今仍难以完全摆脱。无论在东方还是在西方，论及译者，都有"一仆侍二主"的说法，也就是说，译者不仅是仆人，而且还要同时侍奉原著作者和译文读者这两个主人。因此，历史上，译者的普遍存在状态往往是隐形的，甚至译者也以其隐身作为美德。哪怕最卓越的翻译家，也似乎难逃被遮蔽在原作者光辉之中的命运。如果说翻译是桥梁，那么翻译家搭建了桥梁、沟通了陌生的彼此后，有可能就被轻而易举地遗忘了。我曾在南京大学教授了多年的翻译通论课，第一节课时，我会让修课的研究生列举三个翻译家的名字，就三个，应该说很容易，可写不出来的同学并不在少数。许多名著，学生们对作者很熟悉，可问起是谁翻译的，基本上不知道。我个人觉得，这不是简单的知或不知的问题，更深刻的原因在于，对绝大部分读者而言，翻译家是谁并不重要。近年来，正如你所观察到的，这样的情况有所好转。除了你刚刚提到的《中国翻译家研究》（三卷本）等研究成果和海外翻译家"走红"的现象，我最近还在《光明日报》上读到了宋学智的研究文章《对傅雷翻译活动的再认识》，其对傅雷这位重要翻译家的翻译活动及其价值进行了重新认识与阐释，我觉得这非常必要，也很有现实意义。不仅翻译界，社会各界也开始重视翻译家的工作，比如中国作家协会已多次主办汉学家文学翻译国际研讨会，邀请世界各国著名的中国文学翻译家来中国，共同探讨中国文学的译介与传播问题。

刘云虹：是的，翻译是跨文化交流的必由之路，在中外文明互融互鉴及中国文学外译与传播的时代语境下，翻译家的作用日益凸显。获得诺贝尔文学奖后，莫言曾多次对翻译家的工作表示肯定和感谢，如在中国驻瑞典大使馆举行的见面会上，他说："翻译的工作特别重要，我之所以获得诺奖，离不开各国翻译者的创造性工作。"①实际上，据我所知，早在十多年前，确切地说，在 2001 年 10 月 8 日北京大学世界文学研究所成立大会上，莫言就发表了一次很有影响的演讲，题目叫"翻译家功德无量"。他在演讲中特别强调："翻译家对文学的影响是巨大的，如果没有翻译家，世界文学这个概念就是一句空话。只有通过翻译家的创造性劳动，文学的世界性才得以实现。没有翻译家的劳动，托尔斯泰的书就只能是俄国人的书；没有翻译家的劳动，巴尔扎克也就是法国的巴尔扎克；同样，如果没有翻译家的劳动，福克纳也就是英语国家的福克纳，加西亚·马尔克斯也就是西班牙语国家的加西亚·马尔克斯。同样，如果没有翻译家的劳动，中国的文学作品也不可能被西方读者阅读。如果没有翻译家，世界范围内的文学交流也就不存在。如果没有世界范围内的文学交流，世界文学肯定没有今天这样的丰富多彩。"②莫言的这番话不仅涉及对翻译家的整体评价，还重点提到翻译家的创造性劳动及其在中外文学交流与构建世界文学方面的贡献问题，对我们进行翻译家研究有重要启示。

许钧：我们应该看到，无论隐身幕后还是走向前台，无论被忽略还是受重视，在中华文明发展、中外文化交流的历程中，

---

① 沈晨. 莫言指出翻译的重要性："得诺奖离不开翻译". (2012-12-08)[2018-10-14]. http://www.chinanews.com/cul/2012/12-08/4392592.shtml.
② 莫言. 莫言讲演新篇. 北京：文化艺术出版社，2010：6-7.

翻译家始终在场。我在多个不同的场合说过，翻译是历史的奇遇。不管是外国文学在中国的翻译，抑或中国文学在国外的译介，不少翻译家的名字往往与作家的名字紧紧连在一起。比如叶君健与安徒生，傅雷与罗曼·罗兰，朱生豪与莎士比亚，又如葛浩文与莫言，何碧玉与余华，等等。如果我们把目光放远一些，想一想中国历史上的翻译活动，谈到佛经翻译，我们会想到鸠摩罗什与玄奘，谈到西学东渐，会想到严复，谈到西方文学在中国最初的译介，会想到林纾，而一谈到五四运动前后的翻译，我们就会想到鲁迅。这一个个名字，不仅与某位作家、某种思潮或流派紧密地联系在一起，而且想到他们，我们会感觉到中国的文明发展史、中外的文化交流史仿佛有了生命，是鲜活的，是涌动的。这些翻译家就像是一个个重要的精神坐标，引发我们对中华文明的延续与发展、对中外文化的交流与互鉴进行更深刻的思考。

二、积极评价翻译家的历史贡献

刘云虹：在新的历史语境中，翻译的重要性日益凸显，对翻译家的研究也亟待进一步加强。就中法文学交流史而言，我们有很多工作可以去做。法国不仅自身文学传统深厚，而且对异域文化的开放和接纳程度较高，一直以来都是世界范围内译介和传播中国文学的重要阵地之一。但在当下对中国文学外译的探讨中，学界普遍重视的仍是中国文学在英语世界的译介，针对葛浩文翻译的研究成果便非常丰富，相比之下，对法国及其他非英语国家与地区的中国文学译介情况和重要翻译家却明显关注不够。以我比较熟悉的法国著名翻译家、汉学家杜特莱为例，他是中国当代文学最重要的法译者之一，多年来致力于中国当代文学的译介，他先后翻译出版了阿城、韩少功、苏童、莫言等作家的 20 余部作品，其中包括莫言的主要作品《酒国》《丰乳肥臀》《四十一炮》等，对中国当代文学在法语世界乃至全球范围内的推广做出了突出贡献。然而，目前国内译学界几乎没有针对杜特莱翻译的专门研究，这不能不说是一种遗憾。再比如同样为中国文学在法国的译介与传播做出了巨大贡献的法国翻译家雷威安，他热爱中国文学，将大半生奉献于中国文学的翻译与研究，不仅首度完整译出《西游记》《金瓶梅词话》《聊斋志异》等中国古典名著，还翻译出版了白先勇、李昂等当代作家的多部重要作品。而对这样一位翻译家，国内译学界的相关研究更是凤毛麟角。

许钧：确实如此。我也有相同的体会，法国翻译家是译介与传播中国文学的一支不容忽视的重要力量，可我们对当代法国的中国文学翻译家群体的了解还相当不够，对法国历史上为中国文学译介做出过贡献的翻译家，也基本没有展开深入的研究。在中国，往往一个算不上一流的作家就成为博士学位论文研究的对象，可对中外文化交流史上做出过重要贡献的翻译家，学界却缺乏必要的关注，这样的状况应该有所转变。为此，我多次呼吁，要加强翻译家研究。

刘云虹：对翻译家进行研究，必然涉及对翻译家贡献的评价问题。一个翻译家到底有何贡献？学界又如何去认识与评价翻译家的贡献？记得您在《中国翻译》的《译家研究》专栏"主持人语"中，曾对翻译家的历史贡献做了定位："翻译，在其根本意义上，是跨文化的交流活动，是社会发展、人类进步的重要推动力，在人类文明的交流与发展史中，发挥着不可替代的作用。回望中国的翻译历史，可以看到一代又一代的优秀翻译家，为'延续民族文化血脉'，推进中外'文明交流交融互学互鉴'，做出了不可磨灭的贡献。"同时，您也对如何进行翻译家研究提出了指导性意见："人类的翻译活动历史悠久，丰富而复杂，翻译家是其中最为活跃的因素。从文本的选择、文本的理解、阐释，再到文本的传播，翻译家的活动贯穿文本译介与传播的全过程，而翻译活动本身又要受到诸如社会、政治、文化等外部因素的影响。在这个意义上，要理解翻译家的活动、评价翻译家的作用，应该有对翻译本质的整体把握，有翻译价值观的指导。"①这就是说，在您看来，要合理评价翻译家的贡献，最根本的出发点在于对翻译本质与翻译价值的深刻理解？

许钧：正如我多次强调过的，对任何研究而言，不断认识

---

① 许钧. 主持人语. 中国翻译，2017(4)：59.

自身、理解自身永远是其发展的必然基础和原动力，翻译研究不例外，作为翻译研究重要维度之一的翻译家研究自然也不会例外。对翻译活动复杂性的认识是一个逐步深化的渐进过程，只有充分把握翻译活动在形式与内涵上的丰富性，不断提出并思考"什么是翻译"这个核心命题，才能更好地认识翻译、理解翻译，进而结合整个翻译动态过程合理评价翻译家的行为与贡献。合理评价翻译家的贡献，除了深刻理解翻译本质之外，还要对翻译价值有深刻认识，建立正确的翻译价值观。对于研究者来说，评价并非主观感受的表达，而必须有所依据，所谓有理有据的评价才能是科学而有说服力的。翻译活动反映并建构自我与他者的关系，甚至可以说，翻译是主导民族间相互关系的一种重大力量。因此，正如韦努蒂所指出的，通过对文化身份的塑造，翻译促使目的语文化形成对异域文化或"尊重"或"蔑视"的基本立场，并由此导致翻译的理想目标与翻译活动所发挥的实际作用之间存在一定差距。在我们关于翻译价值的交流中，我曾就此谈过看法。这在一定程度上揭示出，翻译研究的基础首先就在于建立翻译价值观，并对翻译进行定位。一个研究者，如果没有形成正确的翻译价值观，对翻译价值缺乏深刻的认识，就很难对翻译及翻译活动中的能动主体做出合理评价。在这方面，我自己有很深的体会。在对傅雷的研究中，如何评价傅雷翻译的价值与影响，就是问题。一开始，我们关注的主要是傅雷对作家的影响，因为相关材料比较丰富，不少作家曾撰文坦陈自己的创作受到过傅雷译文的影响。但我们没有局限于这一点，而是从影响与价值两方面展开更深入的研究，比如在文化传播与国人精神的塑造、语言革新与汉语发展、翻译选择与文学观念等方面加以思考。所以，我一直强调，建立正确的翻译价值观，对深化与拓展翻译家研究具有重要意义。

刘云虹：翻译是一个选择的过程，从"译什么"到"怎么译"，翻译家的选择贯穿于整个翻译过程，涉及翻译活动的方方面面，并由此对译本的品质与译介效果产生决定性作用。而决定翻译选择的一个重要因素就是译者的翻译价值观，也就是说，译者在翻译中的种种选择都是以实现其心目中翻译所承载的价值为目标的。我曾以林纾、鲁迅和傅雷的翻译为例，对这一问题进行过探讨，指出"正是在翻译救国新民、翻译振兴中华民族、翻译重构文化的不同目标与理想下，林纾、傅雷和鲁迅在各自的翻译中做出了不同的选择"[①]。同时，翻译是一种社会活动，翻译家的任何选择都是主客观因素综合作用的产物，因此也都无一例外被烙上深深的时代印记。因此，在翻译家研究中，也应着眼于历史维度，从具体的历史条件出发，从特定的文化语境出发，来考察、认识与评价翻译家的翻译活动及其贡献。

许钧：你说得很有道理。科学、合理地评价翻译家的贡献，我觉得特别需要有历史的思考。翻译历史有三个重要部分：一

---

① 刘云虹. 选择、适应、影响——译者主体性与翻译批评. 外语教学理论与实践，2012(4)：52.

是翻译事件；二是翻译家；三是翻译结果，即文本。以往的研究中，我们对翻译结果的考察比较多。这固然重要，但翻译研究一定不能忽略翻译文本赖以生成的历史文化语境，不能忽略翻译现象与事件得以产生的深层次背景，自然更不能忽略翻译的主体。近些年来，国内翻译史研究取得了不小的进展，对翻译家及其贡献的研究正是其中十分重要的一部分。没有对翻译家历史贡献的剖析，就不可能建构真正的翻译史。我一直在思考，文学史的书写有的基本上以作家为基点，而中华翻译史的书写，目前还没见到类似的探索。一部中国翻译史，可以说就是优秀翻译家的实践史，也应该是中华文明的发展史、中外文化的交流史。对翻译家进行研究，不应仅梳理其翻译实践或分析其翻译结果，还要把他的主观选择与实际贡献放在推动中华文明发展、促进中外文化交流的维度上进行评价。近 20 年来，在翻译研究不断拓展与深化的进程中，我们对这一方面越来越重视了。如果不能从历史层面对翻译活动及其主体进行整体性的思考与研究，那么我们对翻译家的评价就有可能出现偏差。在《翻译批评研究》一书中，你就讨论过从历史、文化、翻译价值等多重角度对林纾和鲁迅的翻译进行评价的问题，我觉得很有必要。在我看来，单纯从方法与文本的角度来看待一个翻译家的行为、评价一个翻译家的贡献，是不够的。

刘云虹： 是的，林纾和鲁迅的翻译是中国翻译史上两个很有代表性的个案，对我们思考如何评价翻译家的历史贡献极具启发意义。就林纾而言，他在翻译中因采取"意译"翻译策略而导致的对原作的种种背叛与不忠实以及明显的误译、对原作体裁的改变等常常为学界所诟病，如果局限于文本层面来评判，显然不可能对"林译小说"的价值、对林纾这样一位成就卓著的翻译家的贡献做出合理评价。而从历史的维度来看，林纾的翻译不仅在社会政治和思想方面发挥了重要作用，更对中国近代文学的发展产生了巨大且深远的影响。在《二十世纪中国翻译文学史·近代卷》中，连燕堂对林纾及其翻译在中国文学史上的影响与贡献给予了中肯的评价，他认为：第一，林纾向中国人民介绍了一批世界文学名著，有力地打开中西文学交流的大门；第二，林纾的译文有相当的文学价值，在客观上提高了小说（尤其是翻译小说）的地位；第三，林纾通过翻译小说对中西文学进行了比较研究，是中国比较研究的开创者之一；第四，林纾使用较为自由活泼的文言翻译小说，不自觉地促进了语言和文体的变革；第五，林译小说哺育了一批文学新人，直接或间接地影响到新文化运动。①连燕堂的这一评价正是从林译小说生成的那个特定时代出发，从语言变革、文学发展、中西方文化交流及思想观念革新等多重角度出发，对林纾的翻译活动加以历史性与整体性把握。关于林纾，商务印书馆新近在其海外汉学书系中出版了一本很有意思的书，是日本学者樽本照

---

① 连燕堂. 二十世纪中国翻译文学史·近代卷. 天津：百花文艺出版社，
　2009：182-191.

雄的著作《林纾冤案事件簿》。如书名所示，该书的主旨是追查事实真相，澄清林纾所蒙受之冤，并对林纾进行重新评价。且不论关于作为旧势力代表的林纾的"冤案"，就翻译家林纾而言，樽本照雄的重点在于指出，批判林纾将莎士比亚和易卜生的戏剧改译为小说并没有事实根据，完全是一种误解，因为林译的底本并不是莎士比亚和易卜生的剧本，而是一个他人的改写本。也就是说，导致了中国翻译研究史上所谓林纾冤案的根源实际上是间接翻译。我们知道，在中外文学交流的进程中，无论外译中还是中译外，间接翻译可以说是一个相当普遍的现象，在林纾那个时代，各国文学之间的沟通或者构建"世界文学"的可能性往往不得不依赖于这种特别的翻译活动。对此，学界在评价林纾及其翻译时应有明确认识。还原史实的重要性不言而喻，但我想，《林纾冤案事件簿》所带来的思考很多，其中最根本的一点正在于应立足历史语境，真正从时代可能性与历史价值层面来认识翻译行为、理解翻译选择，并在此基础上对翻译家的贡献做出积极、合理的评价。

许钧：这一点特别重要，其实，历史性是翻译的本质特征之一，是探讨翻译理论与实践的基本着眼点。评价翻译家的贡献、加强翻译家研究也要从这个本质特征出发，其意义除了我们刚刚谈到的内容，我想还有一点，就是从人类历史发展与翻译成长的角度来考察，可以既反映出特定历史条件下具体翻译活动所必然存在的局限，同时也揭示出翻译不断超越局限、不断发展的必要性。正如你在《试论文学翻译的生成性》一文中所讨论的，"只要时代在发展，翻译所赖以进行的各种关系与各种条件就同样处于发展变化之中，条件的积累和关系的发展将为翻译的发生与成长提供直接可能"①。历史性地评价翻译家，不仅有利于对翻译主体行为及其翻译实践成果做出客观、合理的评判，更能让我们明确认识到，翻译是一个动态发展过程，始终在人类自身发展与文化相互交流的进程中寻求时间上的延续与空间上的拓展。

三、深入探寻翻译家的精神世界

刘云虹：随着翻译理论研究的推进，人们对影响并制约翻译的多重主客观因素的认识日益加深，翻译主体研究也越来越受到学界的重视。您应该是国内翻译界最早开始关注这一领域的学者之一，我读过您的两部相关著作，印象非常深刻。一部是 2001 年出版的《文学翻译的理论与实践——翻译对话录》，该书辑录了您先后与季羡林、萧乾、文洁若、叶君健、方平、赵瑞蕻、吕同六、杨武能、郭宏安等 20 位翻译家的对话，以一种独特方式对国内译坛一批卓有成就的代表性翻译家的翻译经验与翻译思想进行了系统梳理，在翻译家研究与翻译基本问题的理论思考两

① 刘云虹. 试论文学翻译的生成性. 外语教学与研究，2017(4)：616.

个方面为译学界提供了丰富且极为珍贵的第一手资料。在该书增订本的"再版序"中，您明确指出了对优秀翻译家进行访谈的一个主要目的："与翻译家一起交流，以问题为中心，以他们丰富的翻译实践经验为基础，结合他们在实际翻译中所遇到的障碍和困难，对涉及文学翻译的一些重要方面进行深层次的思考与探索，进而挖掘他们的翻译思想，总结他们的翻译策略与方法，为年轻的翻译工作者指路。"①我想，这一成果不仅对指引翻译实践具有特别价值，同时也对推动国内译学界关注翻译家群体并切实展开翻译主体研究发挥了开拓性作用。另一部是 2016 年出版的《傅雷翻译研究》，该书结合对傅译的个案研究，从傅雷的翻译诗学、翻译风格、翻译选择、文艺思想，以及傅译的文化意义与傅雷的当下意义等多个层面，对傅雷及其翻译活动进行了深入而系统的梳理、阐释与探究，可以说是国内翻译家研究最为重要的成果之一。就您的体会而言，您认为，除了深刻把握翻译价值观与翻译历史观之外，还有哪些层面是我们在进行翻译家研究时应特别关注的？

许钧：翻译家研究可以从多个方面展开，各个方面互为补充，都很重要。但有一点必须明确，就如我们在翻译研究中不应局限于对方法、策略的考察与评价，对翻译家的研究也不能止于对翻译方法、翻译艺术的讨论，而应该对翻译家的精神世界有深

---

① 许钧. 再版序//许钧，等. 文学翻译的理论与实践——翻译对话录（增订本）. 南京：译林出版社，2010：2.

入的探索。否则，很难理解像傅雷这样的翻译家为什么会把翻译作为终身的选择，也无法解释为什么傅雷的翻译会产生如此广泛而持久的影响。我想，能否称得上优秀的翻译家，这不是由翻译数量多少来决定的。当代翻译家中，在翻译总量上超过傅雷的有不少，但他们仍然难以与傅雷比肩，翻译质量自然是重要的衡量因素，但一定还有更为深刻的原因值得去我们去探究。就个人来说，我对傅雷的认识是不断发展的。在纪念傅雷逝世四十周年举办的"傅雷著译作品研讨会"上，我曾谈到过，我最早关注的是傅雷翻译过的一部部经典作品，后来关注的是傅雷的翻译艺术，再后来思考的则是傅雷的精神世界：对于傅雷而言，翻译意味着什么？他为何如此专注于翻译？他做出的种种翻译选择背后的动因有哪些？他的翻译到底给中国，给中国文化，给现代汉语的发展，给中国读者的精神世界的丰富与拓展带来了什么？走进傅雷的精神世界，我们发现，作为中国真正知识分子的典型代表，傅雷不仅怀有一颗赤子之心，还拥有一份人文情怀，他将自我的命运置于民族进步与社会发展之中，将自身的精神追求融合在高品位的艺术追求之中。在他身上，人生境界与艺术境界始终契合、交融，产生出巨大的动力源泉，促使他忘我地投入翻译事业中，终将自己的精神力量与艺术心血化作极富魅力的文字，成就了一部又一部经典之作。正如傅敏所言，"真"是傅雷"最大的特点"。走进傅雷的精神世界，我们发现，傅雷每一次翻译选择的背后都深深镌刻着一个"真"字。对此，我在《傅雷翻译研究》的前言中曾有过论述，具体而言，这种"求真"的精神表现为"选择翻译路途时不愿同流合污的'纯真'；选择翻译文本时'忧国忧民'的'真心'；坚持'神似论'翻译美学时所表现出的对于原作与原作者的'真实'；以及对于精神生活与艺术追求的'真挚'"①。翻译家是有血有肉的人，我们要研究他，就必须深入其精神世界，了解他的喜好、他的立场、他的动机、他的选择和他的追求。这些深层次的因素贯穿并作用于他的翻译活动过程中，应结合具体的翻译行为予以考察。在当下的中国文学外译研究中，对具有代表性的优秀汉学家与翻译家的关注是一个重要方面，例如关于葛浩文及其翻译的研究成果已经相当丰富，围绕他的翻译方法的讨论也很激烈，甚至还引发了学界不同观点之间的交锋。但我总觉得，目前这方面的研究似乎仍浮在表面，关于翻译家葛浩文的某些更深层次的内容有待进一步探究。实际上，这里同样涉及一个对作为翻译主体的人的研究问题。

刘云虹：我很赞成您的观点，在翻译活动中，策略和方法的选择与译者的主体意识密切相关。就中国文学外译的实践与研究而言，美国翻译家葛浩文是一个无法被绕开的名字。从 1974 年首次发表译文至今，他先后翻译了近 30 位中国作家的 50 余部作品，不仅被夏志清先生誉为"公认的中国现代、当代文学之首席翻译家"，更被学界普遍认为对莫言获得诺贝尔文学奖发挥了

---

① 许钧，宋学智，胡安江. 傅雷翻译研究. 南京：译林出版社，2016：3.

至关重要的作用。在访谈中，葛浩文说过，"对我而言，翻译就像空气一样，没有翻译，我就不能生活"①，他也曾直言，"我只能是我自己，我只能是葛浩文"②。那么，他为什么如此痴迷于翻译？他是如何认识和理解翻译的？他何以在作者、读者与译者的复杂关系中"我行我素"？正如傅雷翻译研究所揭示的，对于葛浩文这样的翻译家，若局限于其翻译方法和翻译结果进行探讨，即使讨论再热烈、成果再丰富，可能也是不够的。葛浩文为中国文学外译与传播做出了重要贡献，但应该看到，他首先是那个在呼兰河畔"热泪纵横"的萧红迷，那个钟情于中国文学并做出深入研究的探索者。因此，研究葛浩文的翻译，必须了解他对中国文学、对文学翻译怀有的一份挚爱，考察他的翻译追求以及他在翻译选择中或坚守或妥协的背后动因。例如，在学界对葛浩文翻译的探讨中，忠实性问题是一个受到普遍关注并引发诸多争议的问题，有学者将所谓葛浩文式"连译带改"的翻译方法视为对翻译忠实的违背而加以诟病，另有观点却认为葛浩文翻译的成功说明好的翻译可以连译带改，并据此提出在中国文学外译中应破除以忠实性为原则的翻译理念。我们知道，"忠实"不仅是文字层面的，更是伦理层面的，对于这一涉及翻译的根本性问题，显然无法仅就文本、结果或现象进行简单定论。若进一步从主体

① 付鑫鑫. 葛浩文"没有翻译，我就不能生活"//刘云虹. 葛浩文翻译研究. 南京：南京大学出版社，2019：609.
② 孟祥春. 我只能是我自己——葛浩文访谈//刘云虹. 葛浩文翻译研究. 南京：南京大学出版社，2019：697.

意识和精神的维度来考察，会发现葛浩文对"忠实"概念的理解与他对文学翻译的基本立场、对翻译的价值追求密切关联在一起。他多次强调自己遵循的忠实原则不在语言层面，而是在意义层面："只要我在翻译词汇、短语或更长的东西上没有犯错，我的责任在于忠实地再现作者的意思，而不一定是他写出来的词句。这两者之间有细微差别，但也许是一个重要的区别。"①因为，在他看来，"我们的工作目的是尽量取悦于一位不了解目标语国家语言的作家，尽力去忠实于他的原作吗？答案当然是否定的。作者写作不是为了自己，也不是为他的译者，而是为了他的读者。而我们也是在为读者翻译"②。或许，从这个意义上来认识葛浩文的翻译方法与翻译行为，我们才能纠正葛浩文翻译研究中的某些片面观点，才能进一步深化对这位极具代表性的翻译家的认识，也才有可能在个案研究的基础上，从一个翻译家的独特经验中凝结出某种普遍意义。

许钧：对翻译家的研究，还有一点很重要，就是应注重对其翻译过程的考察与分析。在这方面，我们还有很多工作需要做。比如，都说傅雷对待翻译特别认真，但他到底认真到何种程度，有何体现？研究者不能仅凭傅雷自己所言或某种主观印象，就认定他是认真的。在某些问题上，单纯考察翻译结果很

---

① 葛浩文. 作者与译者：一种不安、互惠互利，且偶尔脆弱的关系. 王敬慧，译//刘云虹. 葛浩文翻译研究. 南京：南京大学出版社，2019：644.

② 葛浩文. 作者与译者：一种不安、互惠互利，且偶尔脆弱的关系. 王敬慧，译//刘云虹. 葛浩文翻译研究. 南京：南京大学出版社，2019：644.

难抵达事实的真相，很难揭示现象或结果背后的深层次原因。就拿翻译中的删改问题来说，其中涉及的因素非常多，也很复杂，仅从翻译方法层面是根本无法考察清楚的。你前面谈到的林纾的翻译就是一个典型案例，他在文字和体裁上的不忠实背后都有值得探究的主客观原因。那位要澄清林纾冤案的日本学者所做的，就是深入林纾的翻译过程中，揭示林纾翻译中某些被误解的事实真相。我认为，进行翻译家研究，必须有理有据，对待任何定性的结论都要谨而慎之。如果我们能掌握第一手材料、挖掘出可信的历史资料，比如翻译家的手稿、翻译家与作家的通信、翻译家与出版社编辑的通信等，并据此切实考察译本生成的实际过程，我们的研究就会更全面，也更深刻。这也涉及翻译家研究的方法问题。都说史无定法，但我想，方法还是很重要的，史论结合是翻译家研究应特别坚持的方法。我最近读到《外语教学与研究》2018 年第 3 期上许诗焱和许多合作撰写的《译者–作者互动与翻译过程——基于葛浩文翻译档案的分析》一文，文章以俄克拉荷马大学中国文学翻译档案馆收藏的葛浩文、林丽君翻译《推拿》过程中与作者毕飞宇之间的往来邮件为基础，就译者与作者之间的积极互动及其对译本生成的意义展开了深入探讨，对我们的翻译家研究很有启发。

刘云虹：我也仔细读了这篇文章。据该文介绍，成立于 2015 年的俄克拉荷马大学中国文学翻译档案馆收藏了葛浩文从事中国文学翻译四十余年以来与中国各地作家之间的大量信件，并且计划建立中国文学翻译在线档案馆①，这就为深入考察葛浩文的翻译过程提供了丰富而可靠的资料，也为在史论结合基础上进一步深化对这位具有代表性的重要翻译家的研究提供了便利。但就目前而言，这样的翻译档案资料还很欠缺，如果翻译家、作家、出版机构和学术界能有意识地共同推动第一手翻译档案的保存、收集与交流，那将对促进翻译家研究及整个文学翻译实践与理论的探索发挥重要作用。

　　许钧：确实如此。最后，我想强调一下，目前的翻译家研究主要集中于对文学翻译家的研究，从中国翻译史的角度看，这是不够的。我们应该关注各个领域翻译家的历史贡献，如佛经翻译家、中国典籍翻译家、哲学翻译家、法律翻译家、外交事务翻译家等等，这些领域的翻译与中华文明发展、中外交流之间都具有密切关系，需要特别予以重视。

（原载于《外国语》2020 年第 1 期）

---

① 许诗焱，许多．译者–作者互动与翻译过程——基于葛浩文翻译档案的分析．外语教学与研究，2018(3)：450.

在当今社会，国际交流日益丰富，翻译的重要性也越发显著，中国文化"走出去"的战略更是将翻译问题置于一个前所未有的重要地位，有关翻译的重要性、翻译与创作的关系、翻译主体的作用、翻译策略与翻译接受等问题一再被学界提起，还引发了颇为热烈的讨论，甚至出现了争议。对此，无论是翻译研究，还是翻译批评研究，都应该以明确的理论意识和敏锐的理性目光密切关注涉及翻译的重大现实问题，只有这样才能更好地应对翻译领域出现的问题与挑战。

翻译批评与翻译理论建构

——关于翻译批评的对谈

一、不应缺席的翻译批评

刘云虹：许老师，您好！最近翻译界和文化界对中国文学外译和传播过程中的翻译问题关注、讨论得比较多，我也在思考中国文学、文化"走出去"背景下的翻译批评问题，想对翻译面临的新问题与新挑战以及翻译批评在这一时代语境中所肩负的责任进行思考。其实，我的这些想法或多或少是受您的一篇文章的启发，就是《中国图书评论》2005年第9期上发表的那篇《翻译的危机与批评的缺席》。您在文中分析了翻译在表面的繁荣之下潜藏的重重危机，并着重指出导致翻译危机的根本原因之一在于翻译批评的缺席。您的观点不仅在翻译界产生了重要影响，也引起了学界的普遍关注，例如《新华文摘》2005

年第 22 期就全文转载了这篇文章。近十年过去了，再来看看翻译批评的现状，可以说翻译批评的缺席和失语状态并没有根本性的改变，对翻译的重大现实问题和热点问题的关注与介入仍然非常不够，这样的现实促使我反思翻译批评在新的历史语境下以及在翻译遭遇新的问题与挑战时究竟应该具有怎样的价值、承担起怎样的责任。说起翻译批评，译学界的共识是有翻译就必然有翻译批评，但"必然"并不等同于"必要"，我想，在探讨翻译批评的现实问题之前，是不是应该首先明确翻译批评的必要性究竟体现在哪里？

许钧：是的，这确实是必须澄清的问题，所谓"名正"才能"言顺"。我认为，作为连接翻译理论和翻译实践的纽带，翻译批评的必要性同样应该体现在理论与实践两方面。首先，翻译实践呼吁翻译批评。随着全球化进程的日益加快，时代对翻译的需求越来越广泛而深刻，翻译活动可以说已经渗透到人类精神生活、社会发展和文化交流的方方面面。但是，翻译实践要健康发展，真正肩负起应有的历史责任，就必须是一种自觉的、理性的活动。而实践的自觉与理性意识必然离不开批评。早在 20 世纪30—50 年代，鲁迅、茅盾、董秋斯、焦菊隐等人就明确认识到翻译批评的必要性，呼吁要大力开展翻译批评；季羡林先生在 90年代也同样指出，翻译事业的健康发展离不开翻译批评。翻译批评对于翻译实践具有不可或缺的监督和指导作用，翻译批评的理性之光有助于避免翻译实践的盲目性，促进翻译实践向着健康的方向发展。其次，翻译理论研究的深化与发展离不开翻译批评。通过关注翻译实践、反思翻译问题，翻译批评可以揭示出翻译实践中的种种复杂现象，并发掘现象背后隐含的更深刻的问题，从而加深对翻译活动的理解、提高对翻译根本问题的认识、丰富翻译的可能性、拓展翻译理论建构的空间。文学翻译史上诸如关于《红与黑》汉译的大讨论、围绕《堂吉诃德》杨绛译本的争论，以及关于村上春树作品汉译的讨论等不少批评案例都显示了翻译批评对于翻译理论的建构作用。

刘云虹：翻译批评在实践与理论层面上都具有重要价值，其指引翻译实践、建构翻译理论，并促使两者形成积极互动，翻译批评的责任不可谓不重大。其实，翻译批评活动历史悠久，有学者认为最早的翻译批评文字可以追溯到三国时期，应该说，翻译批评在翻译理论走向系统化和科学化之前就已经出现，然而，相对于翻译理论和翻译史研究的成果和深度而言，翻译批评的发展却缓慢而滞后，似乎始终处于边缘状态，一直是翻译研究中最薄弱的环节，发挥的作用也十分有限。回顾我国当代翻译批评研究的历史，可以看到，20世纪50年代初期，随着我国的翻译事业开始进一步走向繁荣，翻译批评进入了一个蓬勃发展的时期，当时最重要的翻译探讨和研究阵地《翻译通报》杂志在四五年间陆续刊登了七八十篇有关翻译批评的学术论文。然而，由于历史的原因，从1954年《翻译通报》停刊直到改革开放，翻译批评遭遇了一段漫长的停滞期。此后，自1978

年至 20 世纪 80 年代末,翻译批评经历了缓慢发展的"恢复期",翻译批评文章数量虽有明显增加,但总体来看,以"挑错式"和"感想式"的评论居多,缺乏对翻译批评的理论探讨与宏观论述。直到 20 世纪 90 年代,国内才开始出现较为系统的翻译批评研究,您 1992 年出版的《文学翻译批评研究》正是国内第一部关于文学翻译批评的理论著作。据我所知,王克非、穆雷、李焰明、刘锋等不少学者都发表了评论文章,对该书的理论价值与实际意义给予了高度评价,认为它在探索文学翻译批评的途径与方法上走出了很有意义的一步,为文学翻译批评理论体系的建构奠定了基础。这部专著目前仍然是翻译批评研究的重要参考书目之一。除了出版专著之外,您当时还发表了数篇有关翻译批评研究的论文,例如 1997 年香港中文大学的《翻译学报》创刊号的第一篇刊登的就是您与袁筱一共同撰写的《试论翻译批评》,此外,还有在《中国翻译》等翻译研究的重要期刊上发表的《关于文学翻译批评的思考》《论文学翻译批评的基本方法》等等。作为国内翻译批评研究的开拓者,您认为翻译批评长期滞后的原因在哪里?

许钧:翻译批评发展的缓慢与滞后确实引人深思,导致这一现象的原因应该说是多方面的,就其根本而言,主要有两点:一是,就像文学批评在相当长的时间里被视为从属于文学一样,翻译批评也一直以来被认为是翻译的附属品,而翻译本身又长期难以摆脱其相对于创作而言的附属地位,如此一来,翻译批评只能是附属的附属，没有自身明确、独立的地位与价值，也就得不到应有的关注；二是，由于缺乏理论的指引，翻译批评在相当长的时期内一直处于非理性状态，往往拘泥于"技"的层面的探讨，被局限在"挑错式"与否定性的评价中，甚至被简约为"好"与"坏"的评判，这就使得翻译批评是否具有专门的研究领域和系统的研究对象受到质疑，翻译批评的必要性与迫切性也就始终没有得到译学界足够的重视。

刘云虹： 看来，如法国著名翻译家、翻译理论家安托万·贝尔曼所说，为翻译批评"正名"是翻译批评研究者必须首要解决的问题。但说到底，翻译批评自身合法地位的确立还是要取决于翻译批评的有效开展及其价值的真正展现。那么，您认为翻译批评究竟如何才能得以科学、理性地开展？

许钧： 这是个比较复杂的问题，概括来说，开展科学、理性的翻译批评必须依赖于一定的理论与实践基础。刚刚你也提到，直到 20 世纪 80 年代末，翻译批评的发展相当缓慢，无论是批评的范围、对象，还是批评的形式和方法，都有严重局限，系统化的翻译批评研究更是远远没有形成。此后，如果说翻译批评从 90 年代初起进入一个新的发展高潮期，逐步得以脱离经验主义的桎梏，开始以理性的目光来看待和评价翻译，那么这正是得益于翻译理论研究的深化，翻译理论研究的语言学转向和文化转向以及由此开启的从经验到科学、从规定到描述、从语言到文化的翻译研究之路，让人们对翻译活动的复杂性与丰富性有了更深入的理解和认识，从而为翻译批评开阔了视野、拓展了空间，促使翻译批评对自身的研究对象和研究内容有了更明确、更深入的认识，也使得翻译批评在坚实的翻译学科理论基础之上形成自身多元的方法论体系成为可能。开展科学的翻译批评离不开翻译理论，同样，它也必须立足于翻译实践。我想强调，在这里，"立足于翻译实践"有两层含义，首先，这意味着翻译批评应当源于对翻译实践的关注，通过翻译过程和翻译现象的深入考察，从实践层面揭示翻译活动的复杂性，对翻译的价值与影响进行客观描述与历史分析，进而对翻译进行客观、全面的评价并探索、丰富翻译的可能性。其次，这还意味着翻译批评者应具有足够的翻译实践经验的积累，如果仅仅立足于理论层面对翻译的质量和价值加以评判，缺乏对翻译过程中的种种选择与考量的真实体验，缺乏对影响翻译结果的文本内外诸多因素的深入了解，这样的翻译批评往往只能是"隔靴搔痒"，令人难以信服，也无法真正发挥对翻译活动应有的指导与促进作用。以我个人的感受举个简单的例子吧，《文学翻译批评研究》一书在很大程度上得益于我的翻译实践，如果我没有参加《追忆似水年华》的翻译，就不可能那么深切地体会到翻译普鲁斯特的困难，也不可能发现在翻译过程中出现的有关翻译原则、翻译方法方面的问题，自然也就不可能对诸如此类涉及翻译的根本性问题进一步加以思考和研究了。

刘云虹：这就意味着，翻译批评应在理论的指引下对翻译进行分析与评判，再通过实践反作用于翻译理论，促进翻译理论研究的深化，并切实推动翻译理论与实践的互动与结合。这不仅是翻译批评义不容辞的责任，也是其自身发展的必然途径。无论从哪种意义上看，翻译批评都必须尽快改变缺席和失语的状态，力求使自身应有的价值得以展现。

二、在场的批评者与批评的历史目光

刘云虹：您刚刚肯定了翻译批评在指引翻译实践、建构翻译理论两方面所具有的重要价值，也分析了翻译批评发展滞后的根本原因以及开展翻译批评的理论与实践基础。那么，翻译批评怎样才能做到不缺席、不失语，并真正发挥其应有的作用呢？翻译批评就其本质而言是一种评价行为，明确的对象性、批评标准的普遍性与合理性在很大程度上决定着翻译批评的价值所在，但就像翻译主体的能动性对翻译活动具有决定性意义那样，翻译批评的科学开展也可以说首先取决于作为批评行为主体的批评者的能动作用。因此，翻译批评能否得以有效开展与批评者的专业素质及其在批评活动中所展现的观念、态度和精神等息息相关。我知道，您不仅重视翻译批评的理论研究，也身体力行地对翻译实践活动展开积极的批评与反思，对翻译的重大现实问题、具有倾向性的热点翻译问题以及有代表性的翻译现象都十分关注。例如，您在《外国语》《中国翻译》等重要学术期刊以及《光明日报》《文汇报》《中华读书报》等诸多报纸媒体上都发表过有关翻译和翻译评论的文章，您策划、组织的《红与黑》汉译大讨论在国内翻译界产生了深远的影响，您对翻译的危机与批评的缺席、文学名著的复译、翻译再创造的"度"、翻译是否有定本等问题都进行过深入的反思。最近，您特别关注中国文学的外译与传播，为了澄清其中存在的一些模糊甚至错误认识，您在《小说评论》开辟了《文学译介与传播》栏目，对文学译介与传播中涉及的翻译问题展开全面的思考与研究。那么，能否请您从翻译批评实践者的角度谈谈对批评主体的看法？

许钧：你说得很对，主体因素无论对翻译还是翻译批评而言都是至关重要的。你提到的翻译批评者在语言、文学和文化层面的基本能力与素养及其在批评中展现出的主观态度与精神对于翻译批评的开展确实十分重要，也是不可或缺的。从我的经验和体会来看，除了这些要素之外，开展积极、有效的翻译批评还必须依赖于另外两个方面。首先，我认为，翻译批评者应该"在场"，并具有明确的批评意识。批评者只有真正成为有意识的在场者，才能对翻译实践中凸显的各种复杂问题与现象有深入的认识，才能对引发译学界讨论甚至争议的问题有深刻的把握，在这样的基础上，翻译批评的价值才有可能得以展现，漠然和疏离绝对不是翻译批评者应有的姿态。就像你注意到的，从批评者的立场出发，我确实特别关注翻译实践中存在的各种问题和现象，原因在于，我始终认为翻译批评透过对这些问题和现象的探讨，最终指向的是翻译理论的根本问题，正因为如此，翻译批评才能成为翻译理论的建构力量，才能切实推动翻译理论与实践之间形成积极的、有效的互动，这是我一直以来抱有的观点。举个简单的例子，关于翻译是否有定本的问题是20世纪90年代后期的翻译实践活动中凸显出的热点问题，引发了译学界颇多的争议，我对这个问题也表明了自己的看法和立场。在我看来，讨论的前提在于明确究竟什么是"翻译的定本"，并从理论角度分析其产生的可能性。对所谓"定本"的真正含义也许存在不同的认识，但"翻译的定本"首先意味着该译本无论在理解层面还是表达层面都达到了尽善尽美的境地，是理想的范本，并且这样的"尽善尽美"是一劳永逸的，不会随时代的变化而改变。那么，这样的定本，从理论上看是否有可能出现？要想澄清这个疑问，我们的思考就必然涉及翻译的一个核心问题，即文本意义的理解。对文本意义的不确定性以及理解的历史性与多元性的关注与研究，不仅从理论层面向我们揭示出翻译不可能有定本，还促使翻译界和翻译批评界对复杂的翻译过程和能动的翻译主体有了进一步的认识。

刘云虹：您的这个例子很能说明问题。文本意义的理解不仅与翻译定本问题密切相关，更是一个具有重要价值的翻译根本性问题。作为一种文本操作和主体行为，翻译必然要面临文本、意义与理解之间的复杂关系。受传统语言观和意义观的影响，作者中心论和原著中心论在传统译论中占据绝对的统治地位，正因为如此，翻译往往被认为是附属于原作的。对于现代阐释学和接受美学语境下文本意义理解所具有的历史性、开放性和创造性等根本属性的深刻认识，促使译学界重新认识和澄清原作与译作之间的关系，并通过对翻译过程和翻译主体的深入探寻更加合理地评价文本内外诸多因素对翻译的影响。在翻译批评研究中，以文本意义、翻译过程和译者主体性为核心概念的翻译批评的意义研究途径无疑具有积极意义。看来，批评者有意识的"在场"对翻译批评的开展及其价值的体现确实至关重要，那么，您想强调的第二个方面是什么？

许钧：在我看来，翻译批评者不仅要作为在场者时时关注翻译活动，同时，他还必须具有充分的问题意识和理论敏感性。在当今社会，国际交流日益丰富，翻译的重要性也越发显著，中国文化"走出去"的战略更是将翻译问题置于一个前所未有的重要地位，有关翻译的重要性、翻译与创作的关系、翻译主体的作用、翻译策略与翻译接受等问题一再被学界提起，还引发了颇为热烈的讨论，甚至出现了争议。对此，无论是翻译研究，还是翻译批评研究，都应该以明确的理论意识和敏锐的理性目光密切关注涉及翻译的重大现实问题，只有这样才能更好地应对翻译领域出现的问题与挑战。但就目前的现状来看，翻译界尤其是翻译批评界在这方面的问题意识和理论敏感性都有待加强。以莫言获得诺贝尔文学奖后涉及翻译的讨论为例，我们看到，莫言的获奖被首先归功于翻译，部分媒体和学者十分推崇葛浩文式的"连译带改"的翻译，甚至将其视为译介中国文学唯一可行的翻译策略与模式，并据此呼吁更新翻译观念，打破传统译学视野下的语言中心主义。然而，汉学家顾彬却提出不同的观点，对葛浩文的翻译有质疑声，国内文学评论界也有批判的声音，认为葛浩文式的近乎改写的翻译太不严肃，甚至对翻译在中国文学外译中发挥的作用持怀疑态度。例如，文学评论家李建军认为，在语言与文化的隔阂下，译介并传播到国外的只能是经过翻译家"改头换面"的中国文学的"象征性文本"，而阅读这样的"象征性文本"所导致的结果只能是对中国文学与中国文化的误读。不难看出，在中国文化"走出去"的时代背景下，翻译问题成了一个重要的现实问题，而围绕翻译问题展开的种种探讨乃至争论中存在着一些模糊甚或错误的观点，有待进一步从理论上加以澄清与引导。对此，翻译批评界似乎并没有表现出应有的学术敏感性，对相关讨论中凸现的诸如翻译方法、翻译标准和翻译观念等涉及翻译的根本性问题没有予以足够的关注，也没有对文学界的质疑声和某种责问进行必要的回应。可以说，翻译的批评在翻译重大现实问题中的缺席和失语往往是由于问题意识的缺乏和理论敏感性的不足导致的。

刘云虹：媒体和学界的讨论与争议揭示了中国文学外译与传播问题的复杂性，同时也彰显出对这一问题深入研究的必要性。对此，翻译批评必须有所作为，承担起应尽的责任，这就需要翻译批评者加强问题意识和理论敏感性，以积极的"在场者"姿态切实关注翻译实践，推进翻译研究。我觉得，您刚刚就批评主体强调的这两点在目前翻译所处的时代语境下显得尤为重要。说到葛浩文的翻译，实际上，在中国文学翻译史上也不乏类似的例子，最有代表性的就是林纾对西方文学作品的翻译。林纾的翻译由于他采取的删节、改译等与翻译的忠实性原则相违背的翻译策略而备受争议和责难，然而，"林译小说"却将翻译在文化交流中具有的"媒"和"诱"的作用发挥得淋漓尽致，在中国近代文学史上做出了卓越的贡献。能否请您谈一谈，针对这样的翻译和现象，翻译批评应当如何加以认识和评价？

许钧：葛浩文和林纾的翻译都是翻译史上既有特殊性又有典型意义的个案，同样具有特殊意义的还有鲁迅的翻译。对于这样的翻译，翻译批评不能局限于静态的文本比较，也无法用传统的"忠实"标准来加以衡量和评价，而要从特定的历史语境出发，以历史的目光考察有关文化、社会、传统等文本之外更为广泛的问题。翻译批评应该有历史的目光，这首先取决于翻译活动的历史性。我们知道，翻译不是简单的文字转换过程，翻译活动涉及语言、文化、社会、政治等多种内部和外部因素，而这种种相互交织、密切相连的决定因素无一例外都被烙上深深的时代印记，呈现出显著的时代特征。因此，翻译不仅是一种复杂的活动，更是一种具有历史性的活动，是一个永远处于发展之中的渐进过程。也就是说，翻译不可能一劳永逸地实现其完整性和忠实性，而是必然经历一个历史发展过程的。从林纾来看，他的翻译以及他采用的删节、改译等"意译"翻译方法正是特定历史文化语境下的阶段性产物，并随着历史文化语境的改变最终退出了历史舞台。

刘云虹：贝尔曼也有类似的观点，在他看来，文学移植有其不同的形式和阶段，因此对首译本和重译本的评价方式是不同的，对部分翻译和完全翻译的评价方式也应有所区别。这样的观点实际上就是在强调翻译批评的历史目光。

许钧：确实如此。翻译活动是一种历史的存在，这就从根本上决定了翻译批评也同样应该树立一种历史观和发展观，无论对翻译现象、翻译事件的考察，还是对翻译作品的文本评价，都应立足于特定的历史语境，充分关注不同历史时期的语言、社会、文化因素对翻译的影响和决定性作用。翻译批评应该有历史的目光，这还取决于翻译的历史价值。如德国翻译理论家弗米尔所言，翻译从本质上说是一种行为，而任何行为都必然包含一定的目的。译者在翻译过程中对拟翻译文本、翻译形式、文本意义、文化立场与翻译策略、翻译方法等方面的选择都是有意识地，以通过解决翻译中遭遇的各种矛盾而促进翻译价值的实现为目标。因此，当我们对翻译进行分析和评价时，必须以翻译行为所承载的价值目标为前提，如果离开了对"译何为"与译之"用"的考察，这样的翻译批评是不可能做到理性与客观的。因此，在深入了解翻译活动所肩负的历史价值的基础上，我们既要充分认识翻译对于人类历史发展所做出的实际贡献，也要从历史的角度客观地看待翻译活动必然遭遇的历史局限。

刘云虹：的确，从历史发展的角度来看，翻译活动的成就和局限都是相对的。随着人们对翻译活动的认识不断加深，对翻译的本质与价值的理解也日益深入，任何僵化的原则或脱离时代背景的标准对于翻译评价而言都是不切实际的。在这个意义上，翻译批评必然应该具有一种历史的目光，充分关注翻译活动所处的特定时代背景以及与之相关的各种历史因素。

三、翻译批评对翻译理论的建构

刘云虹：在我国翻译界，理论与实践的脱节一直被认为是一个比较突出的问题，就翻译批评而言，也同样如此。翻译批评的实践性、主体性以及长期存在的强调主观感受和拘泥于是非评判的操作方法导致的结果就是，有相当一部分人不认为翻译批评也应该具有系统和理性的特征，于是，翻译批评与翻译理论的关系也就无从谈起了。如果这样的话，那么，翻译批评是"连接翻译理论与翻译实践的一条重要纽带"[①]这一句被翻译界一再援引的纽马克的名言又该如何理解？在您看来，对于翻译批评与翻译理论之间的关系，我们究竟应该如何认识？

---

① Newmark, P. *A Textbook of Translation*. London: Prentice Hall, 1988: 184.

许钧： 翻译批评不是单纯的实践活动，它与翻译理论之间存在密切的关系，这一点毋庸置疑。概括来说，我们应该认识到：第一，开展科学的翻译批评离不开翻译理论；第二，翻译理论研究的深入与发展离不开翻译批评；第三，翻译批评不仅要积极沟通翻译理论与翻译实践，也要促进两者形成有效的互动。

刘云虹： 第一点您在前面实际上已经明确谈到了，能不能请您结合具体的批评个案着重谈谈第二点，也就是翻译批评对翻译理论的建构作用？

许钧： 翻译批评借助于翻译理论研究的深化而日益朝着科学、理性的方向发展，同时，翻译批评通过对翻译作品、翻译现象以及整个翻译生产和传播过程的关注凸显出翻译实践中具有普遍意义的现象，促使翻译界对诸如翻译的本质、价值、策略等翻译基本问题不断加深认识、理解并形成新的思考，从而推动翻译理论研究进一步取得新的突破和进展。在这个意义上，1995 年进行的《红与黑》汉译大讨论应该说是翻译批评对翻译理论发挥建构作用的一个很好的例证。这场讨论在丰富对文学翻译与翻译批评的认识、深化对翻译基本问题的思考、探索文学翻译批评途径等方面，都对加强翻译理论意识和推进翻译理论研究产生了积极的建设性作用。尤其是，在这次大讨论中，针对读者和批评者就翻译提出的疑问，译者通过对谈、通信、杂感等形式进行回应，一方面就相关问题进行说明、解释，另一方面也对某些观点提出商榷、反驳，力求阐明翻译观念、为译文辩护。在这样的积极互动中，译者的声音得到倾听，译者的主体地位得以彰显，译者的翻译观和主观能动性对译文的决定作用也受到了前所未有的关注。有学者认为，关于《红与黑》汉译的讨论"在中国译学界开启译者转向"①，引发了翻译界对"翻译主体"这一问题深入而全面的探索与反思。从当代翻译理论研究史的角度来看，确立译者在翻译活动中的中心地位、探究译者在翻译过程中的主导作用，并由此对翻译动态过程加以系统的描述和诠释，应该说是翻译研究走向理性与成熟的关键之途，其中，《红与黑》汉译大讨论中展现出的翻译批评的反思与建构力量无疑是重要的推动因素之一。

刘云虹：确实如此。时间过得真快，关于《红与黑》汉译的大讨论已经是十多年前的事了，可在翻译界，尤其是翻译批评界的集体记忆中，这次讨论不仅是"一场不会被淡忘的百家争鸣"②，而且非常清晰地展现了翻译批评对翻译理论的建构作用。正是在《红与黑》汉译大讨论之后的几年间，翻译界逐渐认识到翻译虽然是对文本的具体实践，但在具体的、文本的实践之后却隐藏着历史、文化、社会以及翻译价值观等更为深刻的问题，而所有这些问题无一不与翻译主体息息相关。不难发

---

① 王东风. "《红与黑》事件"的历史定位：读赵稀方"《红与黑》事件回顾——中国当代翻译文学史话之二"有感. 外语教学理论与实践，2011(2)：22.
② 方平. 历史将给予充分的肯定——代再版序//许钧. 文字·文学·文化——《红与黑》汉译研究（增订本）. 南京：译林出版社，2011：2.

现，在这一认识的推动下，翻译主体研究很快成为翻译理论研究中的热点论题，产生了一批在国内翻译界有重要影响的成果，对翻译主体及其在翻译过程中的能动作用等问题进行了多层次、多角度的深入探索。

许钧：实际上，在有关《红与黑》汉译的整个讨论中，我们始终有一种清醒的理论意识，即力图通过讨论，针对我国翻译界理论与实践往往相脱节的状况，以实际例子来说明两点：一是翻译是有理论的，而且存在着不同的理论与观点；二是翻译理论是有指导性的，在不同的理论与观点的指导下，会有不同的翻译实践。《红与黑》的汉译折射出许多共性的问题，因此，讨论《红与黑》的翻译，可以就其中所涉及的问题扩展开去，对文学翻译的一些具有普遍意义的基本问题进行探讨。关于《红与黑》汉译的讨论对翻译理论建设无疑是有益的，它几乎涵盖了文学翻译所能牵涉到的各种基本问题：文学翻译中实践与理论的关系、文学翻译的目的与功用、翻译与创作的关系、文学翻译再创造的"度"、翻译的风格等等。更为重要的是，这次讨论促使翻译理论研究在实践的基础上更多地转向对文化层面的思考。在整个讨论中，既有对于人名、地名运用的细节探讨，也有从历史和文化高度就时代背景和社会文化因素对翻译的影响进行的专门研究。作为阶段性总结，我们把这场讨论中的有关文章、书信、对谈、读者调查等内容结集出版了《文字·文学·文化——〈红与黑〉汉译研究》一书，如书名所揭示的那样，一切都被包容在文字、文学与文化的和谐统一之中。翻译是跨文化交流和文化传播的重要途径，站在这个高度，有助于我们看到翻译活动所关涉的一些更为本质的东西。

刘云虹：我想，正是因为如此，在《红与黑》汉译讨论结束的十几年后，对于这一批评个案的相关思考仍然在延续，例如，《外语教学理论与实践》2011 年第 2 期专门设立《学术争鸣：〈红与黑〉汉译大讨论再思考》专栏，对《红与黑》汉译大讨论的意义与影响以及讨论中所涉及的翻译方法、翻译立场、翻译的可能性等翻译根本性问题进行了再度审视。从这场讨论的理论探索诉求本身到译学界的关注与反思，翻译批评的理论意识及其对翻译理论研究的推动作用得到了充分体现。据我所知，法国大学出版社于 2003 年出版了专著《翻译》，该书是法国著名的"我知道什么"丛书中的一部，其中题为"翻译理论"的那章专门论及这场讨论，并将之作为当代翻译批评理论与翻译实践密切结合与互动的代表性案例进行了详细介绍。在 2011年出版的方梦之主编的《中国译学大词典》中，《文字·文学·文化——〈红与黑〉汉译研究》一书被列入中外"译论百部"，关于《红与黑》汉译的讨论也被该词典作为重要的历史事件载入"翻译史"。此外，译林出版社也在 2011 年推出了《文字·文学·文化——〈红与黑〉汉译研究》的增订本。可见，这场讨论对于翻译理论研究的意义是深远的，翻译批评对于翻译理论的建构力量无疑得到了最有力的证明。

许钧：另外，我想强调的是，翻译批评对翻译理论具有建构功能，但这一功能的实现在很大程度上依赖于翻译批评理论自身的建构。就像贝尔曼所说的，作为"大写的批评"，翻译批评必须摒弃传统的裁决性的否定角色，转而着重于其"肯定性"。翻译批评的"肯定性"首先针对翻译批评的自身理论建设而言，即翻译批评首先要"肯定"自身，要在"有关语言、文本及翻译的明确的理论基础之上产生出自身的方法论"①。这就意味着，翻译批评的科学性必须立足于其理论体系的独立性和自主性，没有自主理论体系作为依托的翻译批评是缺乏理性的，不仅无法促进翻译与翻译理论的发展，自身的价值恐怕也难以实现。其次，翻译批评一直以来都是翻译学的一个薄弱环节，其理论建构本身，包括翻译批评的概念、原则、方法、标准等整个研究内容和成果，又构成翻译理论研究中不可或缺的重要组成部分，对推动翻译学的发展具有积极意义。

刘云虹：这一点的确很重要，试想，如果翻译批评没有系统的研究内容以及明确的研究路径与方法，自身的科学性都无法保证，就更谈不上对翻译理论发挥建构作用了。我觉得，您之所以特别强调这一点，应该与您对翻译批评的长期关注和深入思考是分不开的。作为翻译批评研究的开拓者，您这么多年以来不仅积极从事翻译批评实践，同时也一直非常注重翻译批评理论的探

---

① Berman, A. *Pour une critique des traductions: John Donne*. Paris: Editions Gallimard, 1995: 45.

索，对翻译批评的本质、原则、方法和理论途径等方面都提出了很多重要的观点。我觉得，在这一点上，您和贝尔曼非常相似，无论是贝尔曼提出的"大写的批评"，还是您倡导的批评应"给文学翻译一个方向"，都是从翻译和批评实践出发，进而以实践中的经验与思考为基础来构建翻译批评的理论体系，并力求促使翻译批评真正成为沟通翻译理论与翻译实践的桥梁。关于翻译批评的理论层面，我们前面已经谈了不少，我想就这方面再请教您最后一个问题。记得在《文学翻译批评研究》和《翻译论》中，您就翻译批评的原则提出过一个颇有见地的观点，即翻译批评应该注意发挥积极的导向作用，建立起新型的批评者与被批评者之间的关系。这是不是意味着，翻译批评不仅应连接翻译理论与翻译实践，也应成为将译者、读者和批评者等涉及翻译的不同主体联系在一起的一个场域或系统？能否请您就这方面谈谈看法？

许钧：是的，你说得很对。而且，除了译者、读者和批评者之外，翻译出版者也应通过翻译批评被纳入这个共同的场域和系统中。就译者和批评者而言，我认为他们之间应该形成互相启发、共同提高的良好互动关系，翻译批评的积极作用和健康发展无论如何都离不开批评者的出发点和被批评者的态度。鉴于此，无论文学批评界还是翻译批评界，都强调要开展严肃的、科学的、与人为善的批评，同时也强调被批评者要既能听取表扬，也能听取严厉、逆耳的批评。只有营造一种健康的批评氛围，才能有益于翻译事业的发展。这一点我深有体会，在关于《红与黑》汉译的讨论中，我对罗新璋、许渊冲两位翻译家的《红与黑》译本都公开提出过批评，他们也针对我的批评进行了回应和反批评。尽管有慷慨激昂的争论，但双方都本着实事求是的态度进行翻译探索，两位老先生丝毫没有把我的批评视作对他们的不敬，而是以宽广的胸怀和真诚的探索精神来推动翻译批评积极、健康地开展。在这样的良好氛围中，《红与黑》汉译大讨论才得以成为翻译批评史上一次有益的实践，并切实发挥了积极作用。就读者而言，翻译批评中除了专业批评之外，还有一个不容忽视的部分，就是读者批评。随着网络文化的空前发展，读者对翻译批评的参与程度越来越高，很多读者乐于在网络上表达与交流自己对某部译作的阅读感受。译作总是为读者服务的，读者的感受、期待和要求如果能充分、及时地被了解、被关注，这对译者而言无疑具有可贵的启发意义。同时，在翻译批评的沟通和引导下，读者的鉴赏水平也会相应提高，从而对翻译产生更高的期待和要求，这就会对整个翻译活动构成重要的制约和规范因素，促使翻译者和出版者进一步明确努力方向，也进一步加强责任意识。就翻译出版者而言，我一向强调翻译出版要形成科学的机制，对翻译质量进行全面把关。从翻译版权引进、译者选择到译文的审定、译本的编辑，出版者介入了影响翻译质量的各个环节，若缺乏严格、科学的监督与控制，导致价值不高、品质低劣的译作流入图书市场，不仅会造成对原作者的伤害，也可能导致读者利益受到损害，更是对文化交流事业的一种亵渎。

刘云虹：看来，只有批评者、译者、读者和翻译出版者都行动起来，相互沟通，相互促进，并且形成良好的批评生态和科学的批评机制，才能真正推动翻译批评积极、有效地开展，才能切实助力翻译事业的健康发展。最后，我想回到开始时的话题，请您分析一下目前翻译批评存在的问题，译学界要认清方向并做出切合实际的努力，就必须首先对存在的问题有清醒认识。

许钧：就像你所说的，目前翻译批评的现状与几年前甚至十年前相比并没有根本的改观，缺席和失语的状况仍然存在，理论研究也有待继续深化。在理论上，翻译批评的理论探索虽然已经取得了令人欣喜的进展，但研究的系统性、前瞻性和创新性在某种程度上仍迫切需要进一步提高；在实践中，翻译批评界对翻译重大现实问题的关注度不够，对一些具有倾向性的热点问题的敏感度不足，对不良的翻译现象缺乏应有的批评勇气和批评力度，包含批评者、译者、读者、翻译出版者在内的系统的翻译批评机制没有得到有效建立，这些都是亟待解决的问题。

刘云虹：翻译批评不能不说任重而道远，希望我们的翻译界、批评界和出版界都能怀着真正的激情与勇气，带着敏锐的思想和严格的操守去正视现实的危机，促使翻译批评能够真正承担起应尽的职责、发挥应有的作用。

（原载于《外国语》2014 年第 4 期）

对于新出现的翻译理论，我看重的不是它口号喊得有多响亮，声称的创新有多彻底。我所衡量的主要是三个方面：一是看它是否有助于深化对翻译本质的认识；二是看它是否有助于揭示翻译活动的规律；三是看它是否有助于解决翻译的理论问题与实践问题。翻译理论应该具有认知的价值，帮助人们进一步理解翻译；应该具有阐释的力量，能够对翻译现象、翻译过程、翻译价值进行有力的解释；还应该具有结构性的力量，可以推动对翻译活动的内外因素展开系统性探究。

问题·理论·方法

——关于翻译研究的对谈

一、从实际出发，聚焦问题

刘云虹：许老师，您好！在新时代语境下，翻译活动空前繁荣，如我们在以往的对谈中所指出的那样，呈现出丰富性、复杂性与创造性。①在对翻译的思考和研究方面，学界很活跃。方梦之先生曾在《我国译学话语体系的勃兴之路》一文中，从新术语、新理论、新范畴、新表达方式的涌现与构建等方面，深入描述了新世纪以来我国翻译研究的创新性发展。②我也读过您专门探讨翻译研究的一篇文章，题目叫《翻译研究之用及其

① 刘云虹，许钧. 如何把握翻译的丰富性、复杂性与创造性？——关于翻译本质的对谈. 中国外语，2016(1)：95-100.
② 方梦之. 我国译学话语体系的勃兴之路. 当代外语研究，2021(1)：29-37.

可能的出路》，您在文中指出：改革开放以来，翻译研究对翻译学科建设发挥了至关重要的推动作用，不仅为学科建设提供了坚实的理论基础，也在深化外语学科的内涵、促进翻译理论与实践人才的培养、加强对中外文化交流史的理解、提高中国文化软实力等方面取得了实实在在的成绩，有力回应了"翻译无理论"说和"翻译理论无用"说。但同时，您敏锐而深刻地提出一个亟待思考的重要问题，即当下翻译研究的出路究竟何在。①您长期致力于翻译理论建设，为推动翻译研究与创新做出了突出贡献，今天我想就翻译研究这个话题继续向您请教。

许钧：如你刚刚所说，翻译活动在新的历史时期趋于复杂，出现了新现象、新问题，必然会催生新理论。在我看来，翻译研究是针对翻译活动展开的研究，其对象很明确，就是以翻译为研究的根本。在过去相当长的时间里，翻译界本身，我说的是翻译实务界，有一种对理论的漠视、忽视甚至轻视。不少经验丰富的翻译家普遍持有两种看法：一是翻译没有理论，二是翻译理论没有用。翻译研究者应该破除这些可以说根深蒂固的观点。我在这方面做过很多努力。20 世纪 90 年代，在《译林》杂志主编王理行的支持下，我和季羡林、萧乾、叶君健、草婴等中国当代具有代表性的 20 多位杰出翻译家进行了深入对谈，目的之一就是让老翻译家们畅谈各自的文学翻译经验、体会和

---

① 许钧. 翻译研究之用及其可能的出路. 中国翻译，2012(1)：5-12.

见解，去发现文学翻译的基本问题，探讨解决这些问题的方法，并在此基础上形成理论的思考。从这些对话当中，我们可以看到，不同的翻译家有不同的翻译原则和翻译方法，其背后彰显的是各自对翻译的认识、对翻译的理论追求。

刘云虹：这些关于翻译的对话就文学翻译中诸多共性问题展开讨论，以独特方式对老一辈翻译家的翻译经验和翻译思想进行了梳理，为译学界提供了极为珍贵的第一手资料，对翻译理论探索具有重要的启迪意义。其实，您在组织《红与黑》汉译讨论的过程中，就明确意识到要通过对翻译实践的讨论与反思破除"翻译无理论"说。如您所指出的，《红与黑》的汉译为我们提供了有力的证据，证明"翻译不仅有理论，而且有不同的理论和观点；翻译不仅有理论指导，而且在不同理论的指导下，有了不同的实践，出现了风格殊异的译文"[①]。

许钧：是的，现在大家都认识到，翻译是有理论的。但我想强调，翻译理论不是凭空而来的，翻译研究也不可能空谈。无论《红与黑》汉译讨论，还是与翻译家们的对话，都涉及了很多问题，如翻译的动机、目的和作用，翻译的困难与障碍，翻译的标准与原则，翻译的具体方法，如何再现原作的风格，如何看待翻译者的个性，等等。这些具体问题都紧密围绕着翻译，是在翻译实践中切实遇到的，对这些问题的分析与探讨可以导向理论的升

---

① 许钧. 文字·文学·文化——《红与黑》汉译研究（增订本）. 南京：译林出版社，2011：9.

华，导向对翻译本质、翻译价值、翻译伦理等翻译根本问题的思考。所以，翻译研究首先要从实际出发，要针对翻译问题展开研究。翻译问题是多方面的，有翻译的基本理论问题，也有翻译的方法问题。就翻译研究而言，我觉得对理论问题的思考必不可少。法国著名翻译理论家乔治·穆南在 1963 年出版了一部著作，是他的博士学位论文，书名就叫《翻译的理论问题》。穆南认为，没有理论问题，就不可能构成理论，更谈不上我们现在很热衷的理论体系构建。穆南在该书中提出了一个基本问题：翻译是可行的吗？他把翻译可行性视为首要的翻译理论问题，并打开了借助哲学、语言学思考翻译可行性的路径。翻译活动历史悠久，从古到今一直在进行中，然而，翻译真的可行吗？这一问题既与翻译的合法性、翻译的效度密切相关，同时又指向翻译的障碍与困难。要回答这一问题，不能仅靠翻译活动的自证，还需要从哲学、语言学的角度来思考。从翻译是否可行，可以追问到哲学意义上的"世界是可知的吗"，追问到语言学意义上的"语义具有确定性吗"。从翻译研究的角度看，对翻译可行性的探索则关乎翻译的本质、机制、过程、价值、主要矛盾、影响要素等一系列问题。这些都是最为基本的问题，都需要理论的探究。

刘云虹：确实，翻译是一种社会实践活动，翻译研究者有必要也应该善于在实践中发现问题、提出问题，进而思考问题、解决问题。我想，您在这方面一定有深刻体会。我曾经以您和法国翻译家、翻译理论家安托万·贝尔曼为例，对中西翻译批评研究的共性和特性进行了对比分析①。您撰写的《文学翻译批评研究》于 1992 年由译林出版社出版，贝尔曼的专著《翻译批评论：约翰·多恩》于 1995 年由法国伽利玛出版社出版，这两部著作堪称国内外翻译批评界最具代表性的研究成果。它们不仅出版时间非常接近，而且有一个显著的共性，即都是立足翻译实践，由经验导向理性思考而形成的。在我们的一次对谈中，您明确表示《文学翻译批评研究》一书在很大程度上得益于您的翻译实践，当时您说："如果我没有参加《追忆似水年华》的翻译，就不可能那么深切地体会到翻译普鲁斯特的困难，也不可能发现在翻译过程中出现的有关翻译原则、翻译方法方面的问题，自然也就不可能对诸如此类涉及翻译的根本性问题进一步加以思考和研究了。"②贝尔曼也是一位译著等身的翻译家，丰富的翻译经验构成了其翻译思考的基础，《翻译批评论：约翰·多恩》就是通过对翻译与翻译批评实际问题的探究来建构翻译批评理论的。

许钧：立足实践、聚焦问题，并进一步形成理论思考，对此我不仅有切身体会，也尝到了很多甜头。你提到《追忆似水年华》的翻译，记得当时我在南京大学读研究生，译林出版社邀请我参加《追忆似水年华》的翻译。翻译过程中，遇到了很多困难、很多障碍，我便做了个有心人，把具有代表性的问题

---

① 刘云虹. 中西翻译批评研究的共通与互补——以许钧和安托万·贝尔曼为例. 中国外语，2020(6)：83-89.

② 刘云虹，许钧. 翻译批评与翻译理论建构——关于翻译批评的对谈. 外语教学理论与实践，2014(4)：3.

一一记录下来，然后进行归类和分析，有意识地把翻译的实际问题上升到理论层面。比如，《追忆似水年华》由 15 个译者合作翻译，他们的风格能统一吗？这个问题很具体，牵涉到的相关问题也非常多：普鲁斯特的写作风格是什么？《追忆似水年华》有什么特征？不同的译者对原作风格是否有不同的鉴识？原作风格能够在译文中得以再现吗？如何再现？这些疑问需要在理论上，尤其通过理论与实践的互动来寻求解答。正是从实际出发，我针对《追忆似水年华》翻译中遭遇的困难和困惑，一方面以文本为批评对象，对长句的处理、隐喻的翻译、风格的再现等理论问题进行了深度思考，借助文学与文学翻译批评研究的新成果，对译文进行多层次、多角度的批评；另一方面就文学翻译批评的基本范畴、原则与方法进行了理论探讨，撰写了《文学翻译批评研究》这本书。贝尔曼的例子也很说明问题，他始终认为，自己首先是译者，然后才是翻译理论研究者。我非常赞同这个说法，离开了对翻译实践经验的总结，离开了对翻译实际问题的发现与思考，任何翻译理论研究很可能都是空中楼阁。实际上，在近 40 年的翻译研究过程中，我一直有强烈的问题意识。我撰写的《翻译论》、编写的《翻译概论》，都以翻译问题为中心。就《翻译概论》而言，全书以"翻译为中心，在哲学、语言学、诗学等多种理论观照之下，探讨翻译的本质、翻译的过程、翻译的对象、翻译的主体、影响翻译的内外部因素等重要的理论问题，也关注了当下的翻译技术、中译外研究等热点问题"，"以'问题'来启发学习者对有关翻译的各个重要方面展开思考与讨论"①。

刘云虹：问题对研究具有无可替代的驱动作用，有问题才能激发理性思考，有思考才能导向理论的创新，因为问题的提出总意味着某种质疑声或分歧，而质疑声和分歧往往构成认知不断拓展的前提条件。问题意识非常重要，但如果讨论的是伪问题，是没有价值的问题，那么显然无益于理论研究的深化。如此看来，问题意识是否敏锐以及能否发现真问题，两者应该说都非常关键。

许钧：你说得很对！没有敏锐的问题意识不行，不能提出有价值的真问题也不行。这在当下的翻译研究中尤其需要引起重视。进入 21 世纪以来，中国的翻译活动发生了很大变化，中国文学与文化外译成为学界关注的焦点，其中存在一些模糊的认识或某种功利性倾向，需从理论角度予以探讨。对于翻译理论研究而言，这是个很好的契机。抓住这一契机，采取明确的介入立场，立足中译外实践及其折射出的翻译核心问题，针对中国文学外译的历史与现状展开深入的反思和批评性研究，这既是问题意识的体现，也是进行真正有价值的研究的可行路径。作为翻译批评学者，你针对中国文学外译所遭遇的问题、所引发的相关讨论甚或观点的交锋，进行深入的理论思考，写出了

---

① 许钧. 翻译概论（修订版）. 北京：外语教学与研究出版社，2020：封底.

一系列重要的理论文章，一方面对学界聚焦的中译外实践问题
予以理性分析，另一方面对翻译批评理论的建构提出了新见，
在译学界产生了很大影响。比如，关于葛浩文与杜特莱这两位
具有代表性的翻译家的研究、对中国文学外译批评审美维度的
探讨、对翻译伦理的思考等，都有深刻的启示性，也说明了从
实际问题出发加强翻译批评研究的必要性与重要性。

二、拓展学术视野，深化理论探索

刘云虹：创新是引领发展的第一动力，学术发展必然依赖
于理论的创新。当前，中国学术界不同学科的研究者都在积极
寻求理论拓展与深化的新路径，翻译领域也不例外，近年来翻
译研究就明显表现出一种对新理论的追求。在这种趋新的诉求
下，我们不断看到有各种名目的新理论被提出，简直让人应接
不暇。理论创新对于深化理论探索的重要意义不言而喻，但正
如您曾指出的，如果纯粹为理论而理论，为创新而创新，这样
的研究就会导致一种"理论焦虑症"①。在您看来，我们应对翻
译理论创新持何种态度？

许钧：在不同的历史阶段，翻译活动会呈现新的样貌，也会
提出新的问题，自然需要进行理论探索，以加深认识、解决问题。

---

① 许钧. 当下翻译研究的困惑与思考. 东北师大学报（哲学社会科学版），
2019(3)：1.

对于理论创新，我觉得应该持两种态度，首先是鼓励。翻译研究可以聚焦某些问题，也可以是体系性的思考。从 20 世纪 90 年代开始，国内翻译学界便有学者抱有构建体系性翻译理论的雄心，并付出了很大的努力，如黄忠廉教授致力于创建变译理论。一开始学界对该理论有不少否定的声音，但我认为，变译理论立足于对翻译历史的严谨思考、对翻译形态变化的动态把握，跳出了传统全译观，由对翻译活动的新认识而提出了新的翻译观念，有助于揭示翻译的本质。学术创新，贵在观念创新。而观念创新，需要有科学的术语作为支撑。记得是在 2002 年，黄忠廉出版了他的专著《变译理论》，我撰写了书评，对变译理论的学术价值与贡献做了评价，这篇书评的题目叫《从全译到变译》，发表在 2002 年 7 月 18 日的《光明日报》上。对理论探索与学术创新予以鼓励，是我一贯的态度。再比如胡庚申教授的生态翻译学，从翻译适应选择论的探索开始，一路走来，我都很关注。早期他在香港浸会大学做博士学位论文时，我们就有交流，对他的一些想法，我未必全都赞同，但对于严肃的学术探索，我认为应该支持。2004年，湖北教育出版社出版了他的《翻译适应选择论》，你对这部著作很熟悉，我们都读过，也讨论过，还合作撰写了题为《一部具有探索精神的译学新著——〈翻译适应选择论〉评析》的书评。从书评的题目可以看到，我们首先肯定的就是翻译研究中的探索精神。后来，我还给胡庚申的《生态翻译学：建构与诠释》一书写过序，我特别赞赏的是胡庚申教授的坚持与努力，是他的开创精神。

刘云虹：是的，对胡庚申教授的《翻译适应选择论》以及我们为该著作合作撰写的书评，我印象很深。这篇书评特别强调，翻译适应选择论没有囿于长期困扰翻译界的种种二元对立，而是使翻译理论回归到翻译生态环境中，去对翻译本质、主体、过程、原则、方法等重要问题进行讨论，展现了翻译探索的新视野。①该书出版后的十多年间，生态翻译学研究始终致力于自我创建，在创建中不断发展与完善，走出了一条很有特色的理论创新生成之路。这样的理论探索确实值得鼓励。

许钧：刚才，我谈了对于理论创新的鼓励。但这只是一个方面，也就是说仅仅鼓励是不够的，还应该有批评的态度。翻译学界应该都知道，在《红与黑》的汉译讨论中，我对许渊冲先生的"文化竞赛论"有不同认识，对他的翻译美学观也提出过商榷。在新的历史语境下，就中国文学外译的方法与效果评价问题，我也不完全赞同谢天振教授的观点。我觉得，无论学术的发展，还是理论的创新，都需要有批评，需要有论争。因为，理论本身就蕴含着一种质疑和批判的力量。我最近在读一部书，是文特森·B. 里奇的《21 世纪的文学批评：理论的复兴》，书中他就特别强调批判性，他所关注的理论"表现出对各种体系、机构和准则的质疑；准备好采取批判立场并参与抵抗；对盲点、矛盾和扭

---

① 刘云虹，许钧. 一部具有探索精神的译学新著——《翻译适应选择论》评析. 中国翻译，2004(6)：40-43.

曲（往往被发现是根深蒂固的）产生兴趣；习惯于将局部和个人的实践与大文化中的经济、政治、历史与道德力量相连"①。

刘云虹：这两种态度确实都非常必要。理论创新不可能是凭空的创新，需借助一定的基本条件才有可能实现。您在《当下翻译研究的困惑与思考》这篇文章里，曾论及要从两个方面去解决翻译研究中的理论焦虑问题：一是"任何理论创新都必须有其思想基础"，二是理论的创新"需要与翻译问题有直接的联系"②。刚刚您已经结合自身经历讲到了第二个方面，即翻译理论探索应从实际出发，立足翻译实践，聚焦翻译的现实问题。能否请您就第一个方面再谈一谈？

许钧：好的。任何理论创新都必须有其思想基础，这是我始终坚持的一个观点。就文论来说，无论是中国的文论，还是西方的文论，都是在一定的哲学思想基础之上发展起来的。它实际上是一种哲学思潮。女性主义作为一种哲学思潮，后来变成了女性主义批评，到了我们翻译领域又变成了一种女性主义翻译理论。解构主义从某种角度上说是一种语言哲学，后来逐渐演变为一种文学批评，然后对翻译研究也产生了影响。所以，我们在思考相关翻译问题时，应该回到源头。理论创新不是术语的罗列，也不是概念的堆砌，更不可能随意构建一个所谓的体系，而是要有坚

---

① 文特森·B. 里奇. 21 世纪的文学批评：理论的复兴. 朱刚，洪丽娜，葛飞云，译. 南京：南京大学出版社，2021：9.
② 许钧. 当下翻译研究的困惑与思考. 东北师大学报（哲学社会科学版），2019(3)：3.

实的思想基础。比如说，中国传统译论就可能成为这个思想基础，我们在不同阶段用不同视角去审视传统译论，会发现不同的意蕴、内涵和价值。罗新璋先生以高度的理论自觉和理论自信，令人信服地提出中国拥有自成体系的翻译理论，他归纳出的"案本—求信—神似—化境"这一中国传统译论脉络给我们提供的思考和研究的可能性不容忽视。张柏然先生一直提倡应重视中国传统翻译理论的当代价值和意义，对其进行现代转化，建立具有中国特色的翻译学。这是老一辈翻译学者的追求，也是当下我们在翻译理论创新过程中应特别关注的。中国传统译论可以说为翻译理论创新提供了很重要的资源，在这方面，我们曾做了一些尝试，如对"信达雅"翻译标准在多个领域的实践情况进行再审视，对其强大的生命力和深远的影响力加以思考。①

刘云虹：理论创新需要有坚实的思想基础，缺乏思想根基的理论可能一时呈现出某种新意，但往往是昙花一现，行之不远。这就意味着，翻译理论研究应体现出思想性，抵达一定的思想深度才能启发深层次的探索和思考。前段时间，我细读了您的新著《关于翻译的新思考》，顺着"新思考"这个思路，我在阅读中有一个很深的体会，就是您特别注重处理好继承与发展的关系，在您看来，理论创新的可靠路径之一正在于此。例如，语言问题向来是您在翻译研究中深切关注的问题，《关于翻译的新

---

① 刘云虹，许钧. 理论的创新与实践的支点——翻译标准"信达雅"的实践再审视. 中国翻译，2010(5)：13-18.

思考》继续将关注目光投向作为翻译栖身之所的语言。一方面，从历史的角度，对五四运动前后的翻译与语言问题进行反思，检视那一时期翻译对语言革新与思想启蒙所发挥的作用，尤其通过深入剖析鲁迅的翻译选择与其改造语言、革新思维的价值追求之间的关系，深刻揭示出"在语言变革与思想启蒙进程中，翻译的方法具有特殊的意义"[①]；另一方面，从翻译本体出发，探究翻译中语言异质性的保留与传达对拓展原作生命的根本性意义。无论观照历史，还是对翻译研究本体的回归，都体现出在继承中寻求发展的一种理论自觉。托马斯·库恩在《必要的张力》一书中指出："在成熟科学中，新理论以及越来越新奇的发现不能从头诞生。相反，它们是从旧理论中涌现的，是在关于世界应包含什么现象和不应包含什么现象的旧信念的母体中涌现的。"[②]您也曾说过，人文学科的一个突出特点是理论传承、拓展与深化，在创新过程中不能忽视对前人成果的梳理和探究。"新"永远是相对"旧"而言的，从历史发展的角度看，没有继承就没有发展。翻译研究的理论创新无疑也是如此，它离不开坚实的思想基础，也需要扎根于厚重的翻译历史，体现出其历史发展性。

许钧：确实如此。从理论发展的历史看，任何新理论的出现都不可能是替代性的，不可能构成对所有其他理论的否定性超

---

① 许钧. 关于翻译的新思考. 杭州：浙江大学出版社，2020：55.
② 托马斯·库恩. 必要的张力. 范岱年，纪树立，译. 北京：北京大学出版社，2004：230.

越，相反，新的理论与以前的理论应该呈现出一种互补性、一种承前启后的拓展性。对于新出现的翻译理论，我看重的不是它口号喊得有多响亮，声称的创新有多彻底。我所衡量的主要是三个方面：一是看它是否有助于深化对翻译本质的认识；二是看它是否有助于揭示翻译活动的规律；三是看它是否有助于解决翻译的理论问题与实践问题。翻译理论应该具有认知的价值，帮助人们进一步理解翻译；应该具有阐释的力量，能够对翻译现象、翻译过程、翻译价值进行有力的解释；还应该具有结构性的力量，可以推动对翻译活动的内外因素展开系统性探究。此外，我觉得还有一个方面也很重要。翻译研究的基本对象是翻译，而翻译活动涉及各种因素、各种问题，如外部的社会、文化、历史、意识形态等因素，内部的语言、翻译主体等因素，还有翻译的本质、价值、过程、机制、方法问题，更有翻译的传播、接受和影响问题。这些翻译因素和翻译问题不仅彰显出翻译活动的丰富性和复杂性，也决定了翻译研究具有一个显著的特质，即跨学科性。比如，要研究口译的机制以及译员的心理因素对口译活动的影响，就不得不采取跨学科或多学科的研究方法。因此，开展翻译研究不仅需要翻译理论的支撑，也有必要借助其他学科的理论。这就要求翻译研究者有开阔的学术视野。

刘云虹：是的，翻译学是一门综合性很强的学科，学界对翻译研究的学科交叉性已有共识。许多翻译理论，如文化翻译学、社会翻译学、翻译伦理学、翻译诗学等等，一方面有对某一相关学科理论的借鉴，另一方面也体现了多种学科理论的融合。国内学者努力创建的一些理论，如生态翻译学、体认翻译学等，都呈现出以上两个方面的特征。我自己在翻译研究中也力图拓展学术视野，在跨学科研究上做一些尝试。2021 年发表在《外国语》的《文学翻译批评事件与翻译理论建构》一文可算是一个小小的成果，文章主要借助事件批评的相关概念，将翻译批评作为事件看待，希望由此凸显翻译批评的行动者姿态及其沟通理论与实践、促进翻译理论走向深入的导向性和生成力。①

　　许钧：我读过你的这篇文章，觉得很有价值。从西方哲学研究的事件转向，到"事件"被引入文学批评，事件理论其实包含了多种声音，将其合理地用于翻译研究并不容易。你抓住"问题性"和"转捩中的事件"这两个概念，不仅分析了翻译批评事件对创新翻译理论所具有的重要作用，也探讨了如何构建翻译批评事件，确实是一种有创新意义的探索。可见，翻译跨学科研究的关键在于以我为主、合理借鉴，生搬硬套式的简单挪用不可取。当然，我觉得还有一个方面也不应忽视，就是翻译理论也应该为其他学科的研究提供参照。比如，莫言作品的译介研究，可以为中国文学界研究莫言和评价中国当代文学打开新视野；翻译历史研究，也可以为史学研究拓展新的路径，因为我们知道，一部翻译史就是一部文明发展史、一部文化交流史。

---

① 刘云虹. 文学翻译批评事件与翻译理论建构. 外国语，2021(1)：106-114.

三、思辨与实证互补，增强方法的科学性

刘云虹：开展学术研究，一定要聚焦问题、拓展学术视野，但这并不够，还需要通过科学的研究方法来保障研究的合理性和有效性。如果研究不得法，即便发现了有价值的问题，恐怕也难以取得令人满意的结果。如您所说，近 30 多年来，翻译学科有了很大发展，我国的翻译研究队伍不断壮大。无论老一辈翻译研究者，还是翻译领域的青年学子，都不可避免地会遇到翻译研究方法的问题。高校教师基本上都有切身体会，各类各级研究项目的申报中，申报书上必填的一项就是该研究将采取何种研究方法。除了项目申报，还有学位论文的撰写，其中对研究方法的说明和运用也是必不可少的。近期，翻译研究界对译学方法论问题的关注和思考比较多，如蓝红军教授 2019 年出版了《译学方法论研究》，穆雷教授 2021 年出版了《翻译学研究的方法与途径》，前者被列入王克非教授任总主编的"翻译学核心话题系列丛书"，后者则系"外教社翻译研究丛书"之一。翻译研究方法的重要性不言而喻，请问，您对这个问题怎么看呢？

许钧：你说的确实是实情。我们今天讨论翻译研究，就无法回避翻译研究方法的问题。学术研究需要科学的研究方法，这是各个学科都必须共同面对的问题。但是，翻译研究似乎情况有些不同，属于自身的研究方法好像不多，大多数方法是从其他学科借鉴来的。你刚刚提到穆雷教授的《翻译学研究的方

法与途径》，我也有所关注，该书主要介绍的是翻译研究途径，全书 10 章中有 6 章分别介绍了翻译研究中的文艺学途径、哲学途径、语言学途径、社会学途径、文化研究途径和历史学途径。从这些研究途径看，翻译研究的理论资源主要来自其他学科。我觉得，仅仅靠这些途径，翻译学的自治性与独立性难以得到保证。我读过多部有关翻译研究方法的著作，这些著作论及研究方法、研究方法论、研究范式、研究途径等，非常复杂，难以有统一的界定和区分。对广大青年学子来说，翻译研究范式不是主要关心的对象，而能否掌握翻译研究方法论，能否通过一定的路径、运用恰当的方法来开展研究，就与他们密切相关。做翻译研究，尤其是写翻译方向的学位论文，必须建立可靠的理论框架，这就要求助于某种理论或多种理论。如生态翻译学就可以为翻译研究提供理论框架，中国知网收录了数千篇运用生态翻译学的硕士学位论文以及多篇博士学位论文。这里既涉及翻译理论，又涉及翻译研究方法。关于理论和方法，有一种说法，认为理论针对的是现象，方法针对的是问题，这种区分值得进一步探究。在我看来，翻译研究方法自然与理论有密切的关系。翻译理论，就其根本而言，就是用于思考、探索、揭示翻译活动的一种方法。例如要认识和理解翻译场域的复杂性、互动性与系统性，多元系统论便可以发挥指导作用。当然，反过来看，理论也不可能凭空得来，而是采用具体方法获得的系统认识。从大的方面来讲，我觉得翻译研究方法大致可以分为两类：一类是思辨性的，有助于假设、分析、推理、判断；一类是实证性的，有助于描述、验证、展示。这两类方法没有优劣之分。我喜欢思辨性的方法，用以开展翻译的层次性研究。但我也常用实证性的方法，如关于《红与黑》汉译的研究和文学翻译基本问题研究中，我分别采取了读者问卷调查和访谈的方法。

刘云虹：思辨性方法重在运用逻辑推导而展开理论思考，实证性方法则依赖于对研究对象的观察、实验和调查，从而在获取一手资料的基础上展开分析、比较和探究。在科技与人文学科融合的背景下，除了问卷调查、深度访谈、案例分析等相对传统的实证研究方法之外，语料库、键盘记录和眼动仪等技术手段也得到越来越深入的应用，大大推动了翻译实证研究的进展。您主编的《改革开放以来中国翻译研究概论（1978—2018）》一书中就有专门的章节梳理和总结技术手段与翻译研究的发展状况。一般来看，思辨性方法有助于定性研究，实证性方法则更利于进行定量和定向研究。所以，如您所说，两种方法各有侧重，没有优劣之分，翻译研究中应将两者有机结合，使之形成有益的互补。例如，您近几年一直呼吁要加强的翻译家研究便可以采取思辨与实证互补的方法，一方面从历史发展的角度对翻译家的翻译观念、伦理立场、价值取向等进行思辨性研究；另一方面借助语料库技术对其翻译语言特征、译者风格等展开实证性研究，经由逻辑推导、语料和数据的比较分析等方式力求实现定性与定量研究的充分结合，使研究结果更为全面客观。开展翻译研究离不开科学的研究方法和理论途径，但我也注意到一个现象，现在某些翻译研究论文，尤其是学位论文，好像有比较现成的套路：明确借用一种理论，通常以"某某理论视域下的……"为题，在论证过程中先是把该理论介绍一番，再说明如何对其进行运用。很多理论都极为复杂，几乎不可能在有限的篇幅内做全面准确的概述，即便能解释清楚，所用理论与要研究的对象、要探讨的内容之间也像是"两张皮"，各说各的，所以读起来总感觉论述难以把握研究问题的关键，分析也无法深入。黑格尔曾说过，"方法并不是外在的形式，而是内容的灵魂和概念"[①]，可见，方法必须与研究内容相符合，两者之间应形成有机融合，而非格格不入。

许钧：这一点非常重要！我们都说，翻译研究方法要有科学性，但我们强调研究方法的科学性时，往往只看到一个方面，看重的是科学的研究方法，尤其是实用的研究方法。这固然重要，但我认为另一个方面也绝对不能忽视，那就是研究方法的科学使用。在很多情况下，研究方法本身是科学的，比如你刚刚提到的语料库以及各种统计方法，确实有助于避免研究中主观、片面的判断。但能否对某种研究方法加以科学运用，则要另当别论。我曾经就此举过不止一个例子，比如我读过一篇论文，研究海外读者对某位作家的接受，依据的是网络的读者评价，总共就 20 多条评价，可研究者通过关键词进行了分类，制作了多个图表，看

---

① 黑格尔. 小逻辑. 贺麟，译. 北京：商务印书馆，2011：429.

上去很严密、很科学，却没有涉及研究问题的根本。区区 20 余条评论并不需要通过图表来展示，文字就可以描述得很清楚，所以这样的研究方法其实没有必要。选择科学的方法，同时对方法加以科学有效的使用，这样才有可能得出科学的研究结论，两者缺一不可。翻译研究中，要增强研究方法的科学性，我觉得应特别警惕几种情况：一是方法在先，不问研究对象，导致方法和研究内容脱节；二是方法选择不当，难以切中研究问题的要害；三是过于倚重方法，忽视思想与观点的呈现。实际上，在任何学科的研究中，方法都不会孤立地存在，一定是与研究所聚焦的问题相结合。因此我始终认为，翻译研究者应找准问题，以问题为导向并结合研究对象与目标来选择并使用方法，切忌生搬硬套、牵强附会地选择方法、使用方法。很多时候，研究方法也不是唯一的，有些翻译基本问题，如翻译的忠实性问题，需要有切合问题的综合性研究。我曾提出，当下翻译研究遭遇不少困惑和问题，其中比较突出的就是理论焦虑、技术焦虑、方法焦虑和价值焦虑[①]，这些焦虑症的产生其实在某种程度上揭示出当下翻译研究需要关注的一些根本性问题，需要我们积极地应对，以便进一步深化翻译研究，推动真正有价值的翻译理论创新。

（原载于《中国外语》2023 年第 4 期）

---

① 许钧. 当下翻译研究的困惑与思考. 东北师大学报（哲学社会科学版），
　2019(3)：1-6.

下　编

我们应该进一步加强对翻译的理解，要将我们的翻译、翻译研究与翻译人才的培养与中外文明的互学互鉴、中外文化的交流共生、人类命运共同体的构建紧密结合起来，让翻译在新时代起到更为广泛、深刻与积极的作用。

对话与共生

——试析许钧关于中华文化译介的思考

一、引　言

21 世纪以来，我国的翻译活动呈现出一些新变化和新特征，其中非常显著的一点就是中外文明交流互鉴背景下中国文化外译的重要性日益凸显。翻译承载着新的历史使命，受到前所未有的普遍关注，却也面临如何能促进中国文学、文化更真实有效地"走出去"的严峻挑战。从深层次来看，这一变化不仅关乎翻译路径和内容，而且具有某种事件性特征，引发整个翻译场域的面貌的更新。翻译的定位、价值、伦理等诸多涉及翻译的根本性问题亟待重新审视。毫无疑问，中国文化外译与传播成为当前翻译领域的重大现实问题，译学界应予以充分关注和深入探究。许钧教授长期致力于翻译理论建设，他富有洞察力地指出，21 世纪以来，中西、古今关系发生了变化：一是中西之变，即由西学东渐转向中国文化"走出去"；二是古今之变，即从与"旧世界"的根本决裂转向对中国传统文化、中华民族价值观的重新认识与发扬，因此对翻译的思考语境也发生了根本性变化。[①]基于这样的认识，他以强烈的问题意识与理论敏感性，密切关注中华文化译介并进行了有针对性的思考，在《人民日报》发表署名文章《"忠实于原文"还是"连译带改"》《文化译介助推中华文化"走出去"》，在国内重要学术期刊发表《译入与译出：困惑、问题与思考》《中华文化典籍的对外译介与传播——关于〈大中华文库〉的评价与思考》《中国文化价值观与中华文化典籍外译》《关于中国文学对外译介的若干思考》等多篇研究论文，提出了一系列具有启发性和引领性的观点。结合许钧对中华文化译介的深刻思考，从翻译的文化价值与开放精神出发，对中华文化译介加以探讨，将有助于推动中国文学文化的国际传播，也有助于促进翻译理论探索的进一步拓展与深化。

二、翻译的文化价值与开放精神

中华文化译介，如许钧所言，"不仅包括文学作品的译介，也包括中华文化典籍的译介，还包括能够展示当代中国鲜活思

---

① 许钧. 中西古今关系之变下的翻译思考. 中国外语，2015(4)：扉页.

想的哲学社会科学研究成果的译介"①。翻译活动既丰富又十分复杂，无论文学作品、文化典籍还是哲学社会科学研究成果的译介，都不可能是简单的语言转换，而要涉及翻译场域中的多重要素。这意味着，推动中华文化"走出去"，"需要从更深层次上理解翻译"②。深刻把握翻译的根本属性与本质特征，是促进中华文化外译的必要基础。我们知道，语言反映的是思维和文化，正是在这个意义上，联合国前秘书长布特罗斯-加利曾表示，随着一种语言的消失，"与之相关的传统、创造、思考、历史和文化也都不复存在"③。因此，作用于两种语言的翻译必然具有文化属性。重视翻译的文化属性与价值，立足翻译活动的跨文化交流本质来认识翻译，是许钧在翻译探索与理论思考中始终坚持的基本立场。在他看来，文化性是翻译活动的一个非常重要的本质特征，在《翻译论》中，他从翻译的功能、过程和实际操作等不同层面对翻译的文化性做了深入剖析：从翻译的功能看，"其本质的作用之一便是克服语言障碍，达到操不同语言的人们之间精神的沟通，而这种精神的沟通，主要是通过文化层面的交流获得的"；从翻译的全过程看，"翻译活动的进行时刻受到文化语境的影响"；从翻译的实际操作层面看，"由于语言与文化的特殊关系，在具体语言的转换中，任何一个译

---

① 许钧. 关于翻译的新思考. 杭州：浙江大学出版社，2020：61.
② 许钧. 关于翻译的新思考. 杭州：浙江大学出版社，2020：96-97.
③ 布特罗斯-加利. 世界化的民主化进程. 张晓明，许钧，译. 南京：南京大学出版社，2003：163.

者都不能不考虑文化的因素"。①翻译的文化价值由翻译的文化性所决定,同时与人类相互交流的历史发展密不可分。许钧指出:"翻译不仅仅是一种语言转换活动,更是一种跨文化的交流活动,在世界文明进程中扮演着重要而独特的角色。翻译活动集中体现了跨文化交流中可能出现的障碍和冲突,也能通过本领域的经验为其他形式的跨文化交流的顺利达成提供借鉴。毫不夸张地说,一部翻译史,就是一部文化交流史。一个民族的文化是不断创造、不断积累的结果。而翻译,在某种意义上,则是在不断促进文化的积累与创造,同时又是民族文化在空间上的一种拓展,在内涵上的一种丰富。"②正因为对翻译的文化属性与价值有深刻把握,许钧在回应当下译学界提出的立足新时代语境对翻译进行重新定位的呼吁时,明确主张应"以维护文化多样性为目标来考察翻译活动的丰富性、复杂性与创造性"③。若整体考察许钧的翻译观,不难发现,将维护文化多样性视作翻译的重要使命,这既构成其最为核心的翻译立场,也是他在思考中华文化译介过程中的一个基本出发点。

有必要说明,许钧尽管十分强调翻译的跨文化交流本质,但并没有孤立地看待翻译的文化属性。在他那里,翻译活动还具有社会性、符号转换性、创造性和历史性等本质特征,同样,

---

① 许钧. 翻译论(修订本). 南京:译林出版社,2014:48.
② 许钧. 关于翻译的新思考. 杭州:浙江大学出版社,2020:8.
③ 许钧. 关于翻译的新思考. 杭州:浙江大学出版社,2020:6.

翻译不仅有文化价值，也有其社会价值、语言价值、创造价值与历史价值。他指出："从本质上看，翻译的社会性重交流，翻译的文化性重传承，翻译的符号转换性重沟通，翻译的创造性重创造，而翻译的历史性重发展。交流、传承、沟通、创造与发展，这五个方面也恰构成了翻译的本质价值所在，从某种意义上，它们也是翻译精神之体现。"①在翻译思考中，许钧特别关注翻译的精神层面。反思翻译与五四运动的深刻联系，他看到，"翻译所起的不是一般的工具性的功能，而是涉及五四运动的多个层面，在语言与文字的革新、文学的现代性与新文化的建构等方面发生了深刻的影响"，并进一步敏锐地提出，"这些作用和影响的发生，究其根本，是因为翻译孕育着'开放'的精神，导向的是思想解放之路。"②回顾改革开放以来中国翻译研究的发展之路，他看到，改革开放的新时代里，我国翻译研究"走的是一条'开放、探索、互动、创新'的发展之路"③，因为"开放的精神，就是翻译的精神诉求"④。

作为一项跨文化的交际活动，翻译应人类思想、文化交流的需要而生。"任何一个民族想发展，必须走出封闭的自我，不管你的文化有多么辉煌，多么伟大，都不可避免地要与其他文

---

① 许钧. 翻译论（修订本）. 南京：译林出版社，2014：274.
② 许钧. 关于翻译的新思考. 杭州：浙江大学出版社，2020：46.
③ 许钧. 改革开放以来中国翻译研究概论（1978—2018）. 武汉：湖北教育出版社，2018：2.
④ 许钧. 改革开放以来中国翻译研究概论（1978—2018）. 武汉：湖北教育出版社，2018：524.

化进行交流，在不断碰撞中，甚至冲突中，渐渐相互理解，相互交融。"①法籍华人知名学者、法兰西学院院士程抱一长期致力于推动中西文化交流，对文化间相互沟通的重要意义有深刻认识，他曾说："我始终相信，文化乃是集体的成果，是人类共享的财富。当然，每个个体都是独特的，正是他们构成了生命与生命之间生生不息的代代繁衍。但是，这种独特性如果缺少了和其他独特性之间的交流的话，那么，它就会失去意义，就无法显现，更无法绚丽绽放。"②历史告诉我们，不同民族的语言、文化、思想之间的交流推动着人类社会的发展，在这样的进程中，翻译之所以具有不可或缺的重要作用，原因就在于翻译所凸显的精神特质，或者应该说翻译本身就是一种精神——"它永远是面对他者，因而内在地蕴含着对外的、开放的、解放的精神，导向的是他者之间的交流，同时又不断丰富自身"③。维护文化多样性，翻译需要做的首先就是积极彰显其沟通"自我"与"他者"的交流心态，发扬其助力不同文明相互理解、共同发展的开放精神。在这个意义上，翻译的精神与中国文化"走出去"的价值追求"具有内在的一致性"④。

---

① 许钧. 文化多样性与翻译的使命. 中国翻译，2005(1)：44.
② 程抱一，钱林森. 借东方佳酿，浇西人块垒//钱林森. 和而不同——中法文化对话集. 南京：南京大学出版社，2009：477.
③ 许钧. 关于翻译的新思考. 杭州：浙江大学出版社，2020：96.
④ 许钧. 关于翻译的新思考. 杭州：浙江大学出版社，2020：96.

三、双向平等交流，促进对话

中国文化要走向世界，同异质文明相互沟通和对话，翻译是必经之路。然而，翻译是否能够真正肩负起维护文化多样性、促进文明相互交流并共同发展的历史使命，则另当别论。翻译不是文化交流的简单中介，如法国学者帕斯卡尔·卡萨诺瓦所言，它是"所有参与者之间全球对抗的关键赌注和武器"①。也就是说，翻译对不同文明间相互交往的方式，对不同民族间文化关系的构建，都具有某种重要的主导性。这种主导性可能产生积极作用，但也可能产生消极作用，许钧对此有深刻认识："从翻译历史的进程看，一方面，翻译在对目的语的影响与改造、对政治思想和意识形态的塑造以及不同文化之间的交流与沟通等方面都发挥了积极而重要的作用；而另一方面，我们也不难发现，在翻译的理想目标与翻译活动发挥的实际作用之间存在着不可忽视的差距，翻译产生反作用和负面影响的例子并不鲜见。"②沟通是翻译活动最直接的功能，人们期待通过翻译实现不同民族文化间的交流、沟通与理解，"但历史上却不乏对原著随意删改，甚至将其视为'文学战利品'而任意宰割的翻译事实，最典型的例子就是罗马在军事上征服希腊之后，在翻

---

① Casanova, P. *La République mondiale des Lettres*. Paris: Editions du Seuil, 2008: 199.
② 刘云虹，许钧. 翻译的定位与翻译价值的把握——关于翻译价值的对谈. 中国翻译，2017(6)：57.

译中对希腊的文学作品大加删改，丝毫不顾及原作的完整性，完全将翻译当作一种自我展现和凌驾于他者之上的途径"①。

法国翻译家、翻译理论家安托万·贝尔曼曾说："翻译要么处于关联之中，要么什么都不是。"②究其根本，翻译是建立联系，促成自我与他者之间关系的发生。那么，翻译能否履行其使命、彰显其价值，关键就在于经由翻译所构建的是一种怎样的自我与他者关系。德国宗教哲学家、翻译家马丁·布伯区分了相遇中"我"同存在者之间的两种关系："我—你"关系和"我—它"关系③。"我—你"关系基于"主体—主体"模式，"是一种亲密无间、相互对等、彼此信赖、开放自在的关系"；"我—它"关系基于"主体—客体"模式，"是一种考察探究、单方占有、利用榨取的关系。"④这一哲学思考极富见地，对我们探讨文化译介具有重要的启发性。无疑，翻译要想肩负起自身使命，就必须发挥其积极作用，促进中外文化在相遇中形成一种互为主体、真诚对话的"我—你"关系，而不是被"经验与功用"⑤主宰的"我—它"关系。实现这一目标，必须要有一种双向的目光，故而许钧强调，中外文化交流"不仅应该是双

---

① 刘云虹，许钧. 翻译的定位与翻译价值的把握——关于翻译价值的对谈. 中国翻译，2017(6)：57.
② Berman, A. *L'Epreuve de l'étranger*. Paris: Editions Gallimard, 1984: 16.
③ 马丁·布伯. 我与你. 陈维纲，译. 北京：商务印书馆，2018：5.
④ 何光沪. "我与你"和"我与它"——读布伯《我与你》//马丁·布伯. 我与你. 陈维纲，译. 北京：商务印书馆，2018：129.
⑤ 马丁·布伯. 我与你. 陈维纲，译. 北京：商务印书馆，2018：38.

向的、互动的，而且也应该是平等的"①。因为，"文化双向交流、平等交流的意识对翻译来说特别重要。从文化和历史发展的角度来看，从封闭走向开放，从单一走向多元，主动地以平等而开放的心态与异质文化进行交流与对话，进而在自我和他者的碰撞与融合中理解自身、丰富自身，这是人类文明发展的必由之路"②。正是基于这样的理性意识与深刻认识，许钧在思考并推动中华文化译介过程中尤其关注以下几方面。

1. 注意和警惕中华文化译介中的单向主义与功利主义倾向

单向主义倾向"就是对翻译的单向性定位，把翻译活动看作一种单向性的活动，只重输出或只重接受，而没有真正以文化双向平等交流为根本目标来思考相关翻译问题"③。对比考察中国文化的译入与译出，许钧发现，尽管译出在我国的文化译介中占据越来越重要的位置，但总体来看，"中国文学作品的译出与外国文学作品的译入存在着较为明显的失衡现象"，中西方文化贸易逆差仍旧"巨大"，而失衡和逆差所导致的，是"中国文化在外国语境中难受重视的境况"。④针对这一现状，他强调"译介工作要积极适应中华文化'走出去'的新形势，改变旧的以单向输入为主的文化交流模式，关注并推动中外文化之间

---

① 许钧. 关于翻译的新思考. 杭州：浙江大学出版社，2020：97.

② 刘云虹，许钧. 如何把握翻译的丰富性、复杂性与创造性？——关于翻译本质的对谈. 中国外语，2016(1)：99.

③ 刘云虹，许钧. 翻译的定位与翻译价值的把握——关于翻译价值的对谈. 中国翻译，2017(6)：59.

④ 许钧. 译入与译出：困惑、问题与思考. 中国图书评论，2015(4)：112.

的平等双向交流"①。具体而言,"这既意味着要以开放的心态面对异质文明,积极吸收各国优秀文明成果,认识并弥补本国文化的局限,又意味着中华文化要主动走出国门、融入世界,把优秀文化成果持续有效地介绍给世界,增进世界对中国的了解,维护人类文化的多样性"②。"译进来"与"译出去"本就是翻译面临的双重任务,不厚此薄彼,才能平衡发展,也才能更好地彰显翻译的价值。在当前的全球化语境中,这一点尤为重要,凸显出深刻的现实意义。如学者所注意到的,"在一些论述中,全球化在文化上的表现往往被描述成变民族文化为世界文化的单向过程,这是片面的、静态的单向思维",对此必须倡导一种双向的动态思维,"即把全球化视为一种从民族文化向世界文化以及世界文化向民族文化的双向、不断循环往复的运动过程"。③显然,民族文化与世界文化间这种双向的往复运动不可能自行完成,翻译理应在其中发挥不可或缺的核心作用。

针对当前翻译界和文化界在中国文学文化的外译与传播中表现出的某种焦虑,尤其是围绕翻译模式与方法、译本接受等涉及翻译的根本性问题存在的诸多争议以及争议背后折射出的急于求成的功利性心态,许钧认为学界应予以高度警觉,倘若"只从市场角度评价翻译作为一种工程项目的即期效益,而未

---

① 许钧. 关于翻译的新思考. 杭州:浙江大学出版社,2020:62.
② 许钧. 关于翻译的新思考. 杭州:浙江大学出版社,2020:62-63.
③ 苏国勋,张旅平,夏光. 全球化:文化冲突与共生. 北京:社会科学文献出版社,2006:113.

从精神建构的角度衡量翻译作为一种促进人类文明交流和发展的事业所产生的长远的历史影响，急功近利，必然会导致翻译焦躁症与市场决定论"①。他在不同场合多次强调，在目前中外文化交流仍处于不平衡状态的情况下，中国文化外译中功利性被广泛接受与文化特性的真正被认识、被尊重之间往往存在矛盾，对此，翻译界尤其是翻译研究界应做出理性的选择，克服功利主义的狭隘翻译观念，从中外文化平等交流并形成有效对话的根本目标出发来思考中译外所面临的种种现实问题。

2. 理性看待中国文学主动外译的必要性

在中国文化"走出去"的国家战略背景下，中国文学外译的重要性不言而喻，但对于中国文学是否有必要主动地外译，学界却存在较大争议，甚至可以说质疑的声音不绝于耳。有论者提出，把目前在世界处于弱势地位的中国文学与文化向强势的西方文化译介，是一种违背文化译介基本规律的逆势行为；也有观点认为，以自我为出发点的主动译介所依赖的基本上是主观判断和自我意识，与国外读者的阅读需求和审美期待难以契合，再加上以宣传中国文化为目标的文学译介似有强行输出意识形态之嫌，结果只能是事倍功半。各种质疑声中，新中国成立之初创办的《中国文学》、改革开放之初由杨宪益等人推动设立的"熊猫丛书"以及从 1995 年延续至今的"大中华文库"

---

① 许钧. 关于翻译的新思考. 杭州：浙江大学出版社，2020：7.

往往被举为主动译介不成功的例证,质疑者认为,"失败"的原因在于其接受效果不尽如人意,没能受到海外读者的广泛关注。对于这样的怀疑甚至否定,许钧以"大中华文库"为例,明确予以回应。他认为,"评价一部书或一套书,尤其是评价像"大中华文库"这样的具有战略意义的出版物,仅仅以当下的市场销售与读者接受情况来衡量便得出否定性的结论,是值得商榷的"①。考察"大中华文库"取得的译介成果与产生的影响,不难看到,它在向世界系统介绍中国文化典籍、构建中华文化价值观以及培养国内高水平翻译与语言服务人才等方面都发挥了重要作用。"大中华文库"具有真实的文化译介与传播价值,这一点毋庸置疑,从更深层次来看,它所体现的实际上正是一种导向双向平等交流的开放精神。因此,许钧特别强调应从"思想的开放与文化的交流层面"对"大中华文库"这样的中华文化译介工程进行历史性的合理评价,而不能仅从文学接受的角度加以简单定论。基于这样的深刻认识,加之清醒地看到"汉语在全球的影响尚不广泛、在全世界学习汉语的人数还不多、汉语学习的深度还不够、对中国的认识常常仍停留在较肤浅的层面"这一状况,许钧认为"要想他们对中国思想、中国文化、中国文学等进行深入和全面的译介是不现实的",因

---

① 许多,许钧. 中华文化典籍的对外译介与传播——关于《大中华文库》的评价与思考. 外语教学理论与实践,2015(3):13.

此"在这个意义上，中译外工作是目前的一种战略需求"。①他明确指出，在当前时代语境中，"出于历史、政治、意识形态等多方面的考量"，中国政府主导下的主动译出"仍然是一项'不得不'做的工作"。②

3. 自觉维护语言多样性，以平等态度对待每一种语言

维护文化多样性、促进世界和平发展是翻译的重要使命，是中华文化译介的根本目标，也是许钧在翻译思考中始终坚持的基本文化立场。那么，如何维护文化多样性？在这个问题上，许钧强调"语言多元是维护文化多样性的一个基本条件"③。英国学者、批评家特里·伊格尔顿曾以殖民主义对民族语言的剥夺为极端例证，借爱尔兰民族主义领袖托马斯·戴维斯的话说明："将一种语言强加给另一个民族，就是让他们的历史在漏洞百出的翻译中漂泊。这是要全方位地粉碎他们的身份，要用任意的符号取代生动的、有内涵的名称，要割裂感受的纽带并使他们和祖辈之间产生巨大的鸿沟。"④可见，语言不仅使交流成为可能，更是对一种世界观、一种民族身份乃至一种生活方式的反映，与传统、文化甚至生命的存在息息相关。语言应被视

---

① 许钧,等. 翻译与翻译研究——许钧教授访谈录. 杭州:浙江大学出版社, 2018：64.
② 许钧,等. 翻译与翻译研究——许钧教授访谈录. 杭州:浙江大学出版社, 2018：63-64.
③ 许钧. 文化多样性与翻译的使命. 中国翻译，2005(1)：42.
④ 特里·伊格尔顿. 论文化. 张舒语，译. 北京：中信出版集团股份有限公司，2018：90.

为人类文化的决定性因素，所以要维护文化多样性，首先必须自觉维护语言多样性。为维护语言的多样性，翻译应如何行动？许钧对这一问题的思考颇有启发性，他认为，"翻译如要为维护语言多样性做出贡献，就该发扬开放与交流的文化心态，以平等的态度去对待每一种语言。从理论上讲，世界上的每种语言都具有同等的表达力，在这个意义上说，我们也可以说世界上的每种语言都具有同等的翻译能力。语言没有等级之分，更不应该以政治经济实力为杠杆将语言分为强势与弱势"①。毋庸置疑，离开了语言层面的平等相待，文化层面的平等交流也就无从谈起。翻译在形式上是一种语言转换活动，平等对待每一种语言，以助力语言多样性的维护，这是翻译义不容辞的责任。

四、尊重差异，推动互鉴与共生

世界万物的存在是一种差异性存在。民族间客观存在的种种差异使得不同语言文化之间的交流成为一种需要，也就从根本上构成了翻译活动的必要性。翻译因"异"而起，同时在其活动过程中不断遭遇着"异"所造成的各种障碍，因此翻译的直接任务就在于克服障碍，超越"异"之考验以促成不同文明之间的相互理解与融合。这一任务能否得以完成，在很大程度

---

① 许钧，等. 翻译与翻译研究——许钧教授访谈录. 杭州：浙江大学出版社，2018：104.

上取决于译者对异质语言文化的立场与态度。换言之，中外文化是否能够经由翻译形成真实的交流与有效的对话，关键在于如何认识"异"、如何对待"异"。

立足"异"与"同"的辩证关系，许钧对"异"进行了深入的思考与剖析。他意识到，"异"与"同"相对立而存在，"无论在精神世界还是在物质世界中，'异'都是一种必然的存在，有'同'而无'异'，便没有世界的多样性与丰富性"①。但这种对立关系不应被绝对化，结合"在本质上有着某种一致性的另一对概念：'自我'与'他者'"②，许钧在更深层次洞察到两者之间的互存性。没有"异"，就不存在所谓"同"；没有"他者"，"自我"也将在孤独中萎缩、贫瘠，因为"他者""是'认识自我'的一个参照，是'丰富自我'的一个源泉，是'确立自我'的一个途径"③。因此，要理性认识"异"，首先必须深刻把握"异"与"同"以及"自我"与"他者"的互存关系。在此基础上，要理性对待"异"，关键在于"自我"对"他者"所采取的态度。从布伯的观点来看，"我"实际上具有"双重性"，"我—你"关系中的"我"与"我—它"关系中的"我"迥然不同。④这意味着，"'我'的关系者归结为'你'还是'它'，

① 许钧. 翻译论（修订本）. 南京：译林出版社，2014：195.
② 许钧. 翻译论（修订本）. 南京：译林出版社，2014：195.
③ 许钧. 翻译论（修订本）. 南京：译林出版社，2014：196.
④ 刘云虹，许钧. 翻译的定位与翻译价值的把握——关于翻译价值的对谈. 中国翻译，2017(6)：57.

是由'我'对关系者的态度决定，按'我'的态度划分的"①。
聚焦中华文化译介，其核心目标正是通过"译进来"与"译出去"的双向交流，构建一种通过平等对话寻求中外文化互鉴与共生的"我—你"关系，从而丰富世界文化、维护世界和平。这一目标不会自然而然地实现，在根本上正依赖于翻译整个动态过程中主体之"我"对与"我"相遇的一切所坚持的立场和态度。许钧深谙这一要义，明确指出无视、轻视或仰视都不是对异域文化应有的态度，而由此可能导致的对异域文化的不识或误判将严重影响中外文化交流的效果。他进一步剖析了翻译中对待文化差异的"七大忌"："一忌以傲慢的态度去对待差异，不尊重异域文化，随意'宰割'，任意侵犯，这是文化的霸权主义；二忌自信有点石成金，以石攻玉或移橘为枳的义务和权利，把翻译变成借体寄生、东鳞西爪的写作；三忌不负责任的异想天开，无中生有，指鹿为马，以所谓的创造之名，行偏离之实；四忌唯原文是尊，忘却翻译的'沟通'职责，对原文亦步亦趋，不越雷池一步，不考虑译语文化的接受能力和消化能力，'输血'不成，反致'溶血'；五忌目光短浅，视野狭窄，不识异质文化之真谛，浅尝辄止，错以糟粕为精华，在无谓的冲突中，牺牲译语文化的利益；六忌翻译为万能，不承认障碍，不承认差异，不认识文化翻译'异'中有'同'，'同'中有'异'，有时需要

---

① 何光沪. "我与你"和"我与它"——读布伯《我与你》//马丁·布伯. 我与你. 陈维纲，译. 北京：商务印书馆，2018：128.

作出牺牲，进行调和、折中的特殊性，一味地追求所谓的'等值'；七忌拜倒在原语文化脚下，不顾译语读者的文化背景、审美情趣和要求，以所谓的'愚忠'，反起离间读者的负作用，隔断了交流的机会。"①

中华文化译介是一种跨文化交流活动。跨文化交流，根据费孝通的观点，"牵涉到人对人、人对社会、人对自然的基本关系，而与文化的自觉和文化的相互尊重有着更为密切的关联"②。这就是说，坚持文化的自觉与文化的相互尊重对跨文化交流具有非常重要的意义。在中华文化译介中面对"异"之考验，尊重差异、树立文化自觉正是许钧所倡导的翻译文化立场的两个重要方面。

1. 尊重文学异质性，拓展原作的域外新生命

尊重差异是许钧的基本翻译伦理观。他深知，翻译活动反映的是自我与他者的关系，具有深刻的伦理内涵与本质的伦理目标，因此恪守翻译伦理是翻译得以安身立命的根本要求。他赞同贝尔曼提出的"尊重他异性的翻译伦理"，认为差异与尊重正是翻译伦理中两个非常重要的维度。在他看来，翻译活动中"对他者的尊重、对语言文化异质性的保留与传达，这应该成为一种对伦理的守护、一种具有本质意义的追求"③。文学外译

---

① 许钧. 江苏社科名家文库·许钧卷. 南京：江苏人民出版社，2017：102.
② 费孝通. 新世纪 新问题 新挑战//费宗惠，张荣华. 费孝通论文化自觉. 呼和浩特：内蒙古人民出版社，2009：109.
③ 刘云虹，许钧. 异的考验——关于翻译伦理的对谈. 外国语，2016(2)：75.

是中华文化译介的一个重要组成部分，在关于中国文学如何更好地"走出去"的思考中，许钧十分关注翻译对文学异质性的处理。如他所言，"从翻译的角度看，具有强烈个性和独特性的文学作品具有译介的必要性，它呼唤翻译，但同时又抵抗翻译，其中所表现的张力构成了翻译所必需面对的问题：如何对待文学作品的'异质性'"[①]。考察中国文学的外译，他发现存在一个现象："原文中一些独特的表达，一些带有个人印记的风格追求，也常有译者以读者接受、以译文的可读性的名义，加以'变通''删改'，导致原作的独特性被抹杀。"[②]更值得警惕的是，"我们的翻译理论界把因接受国的文化之隔、心理之隔、心态之隔而采取的一些着眼于当下的变通之策，当作译介的普遍规律或永恒的价值标准去推广"[③]。这里涉及中国文学外译的接受问题，如果我们把文学翻译视为原作生命的生成过程，那么文学接受则是原作生命生成中的重要一环。从这个意义上说，翻译活动中的种种选择总是与读者的接受息息相关，但关注读者接受不应导向一种文学译介中的唯接受论。就此，许钧相当尖锐地指出，"一味地强调可接受性，轻易地采用所谓的归化'变通'手段，有可能导致翻译者放弃对原文特质的深刻理解与创造性传达，其直接结果，就是遮蔽、扼杀了原文的异质性，违

---

① 许钧. 关于翻译的新思考. 杭州：浙江大学出版社，2020：99.
② 许钧. 关于文学翻译的语言问题. 外国语，2021(1)：96.
③ 许钧. 关于翻译的新思考. 杭州：浙江大学出版社，2020：104.

背了翻译为异而生的本质使命"①。可以想见，对可接受性的盲目强调不仅背离了翻译的跨文化交流本质与根本目标，也会由于趋"同"而使作品失去其差异性价值，阻碍原作生命在异域的丰富与拓展。朱光潜在《谈文学》中指出，"一个作者需要读者，就不能不看重读者；但是如果完全让读者牵着鼻子走，他对于艺术也决不能有伟大的成就"②。显然，文学创作应重视读者，但不能一味迎合读者。论及文学翻译，也是同样的道理，一方面要注重译本的可接受性，另一方面也要有意识地对读者的接受加以引导。既然读者深度参与文学作品在异域的生命生成，进而在某种程度上对中外文化关系的构建起着决定性作用，就有必要提出并遵循一种读者的接受伦理，引导读者接受文学作品中的语言文化异质性，以积极的姿态走向与"他者"的相互理解与融合。或许，对中国文学外译的探讨和评价中存在对读者期待的某种误解，毕竟新奇的文学阅读体验很可能是读者选择阅读一部外国文学作品的最朴素动机。

不同民族、不同文化之间交流互鉴，才能推动人类文明走向丰富与发展。就中外文学交流而言，互鉴的基础就是中国文学保持自我，如许钧所言，"差异本身就是价值"③。当蕴含语言文化异质因子的中国文学作品"因为自身的价值被世界各国人民广泛

① 许钧. 关于文学翻译的语言问题. 外国语，2021(1)：96-97.
② 朱光潜. 谈文学. 合肥：安徽教育出版社，2006：118.
③ 许钧，等. 翻译与翻译研究——许钧教授访谈录. 杭州：浙江大学出版社，2018：192.

阅读并喜爱时，才可以说中国文学真正走向了世界"①。只有积极推动中国文学真正走向世界，文学译介才能为促进中外文明交流互鉴创造条件。

2. 树立文化自觉，把握与传递中华文化价值观

推动中华文化译介是提升我国文化软实力与国际影响力的战略需要。许钧认为，"翻译对外的深层次影响体现在价值观上，价值观的影响从某种角度来说就是一种文化影响"②，因为价值观凝结着"一个民族、一个国家的文化核心要素和宝贵精神财富"③。立足于这一认识，他提出，在对外译介中国文化时"要有一种文化自觉"④。我们知道，费孝通提出文化自觉，旨在倡导"全球范围内实行和确立'和而不同'的文化关系"⑤。"和而不同"实际上蕴含着"古代中国人的共生理念"，具体到文化上，指的是不同文化间"'你中有我，我中有你'的具有内在关联的关系"⑥。所以，文化自觉是一个双重过程，一方面要认识自己的文化，另一方面也要理解所接触的文化。而许钧所强调

---

① 许钧，等. 翻译与翻译研究——许钧教授访谈录. 杭州：浙江大学出版社，2018：192.
② 许钧，等. 翻译与翻译研究——许钧教授访谈录. 杭州：浙江大学出版社，2018：63.
③ 许钧. 关于翻译的新思考. 杭州：浙江大学出版社，2020：57.
④ 许钧，等. 翻译与翻译研究——许钧教授访谈录. 杭州：浙江大学出版社，2018：64.
⑤ 费孝通. 新世纪 新问题 新挑战//费宗惠，张荣华. 费孝通论文化自觉. 呼和浩特：内蒙古人民出版社，2009：110.
⑥ 苏国勋，张旅平，夏光. 全球化：文化冲突与共生. 北京：社会科学文献出版社，2006：103.

的文化译介过程中的文化自觉，正是这样一种既指向"自我"也指向"他者"的文化理解与融合过程。面向"自我"，文化译介者首先要有意识地形成一种中国文化价值观，进而把有着五千年历史的中华民族文化里最本质、最优秀、最精华的部分译介出去。①面向"他者"，则要力求深入理解文化交流中所相遇的其他文化，同时准确把握自身在世界文化格局中的定位，唯有如此，才能在翻译实践过程中以不骄不躁的心态，合理选择译介模式与方法，从而取得较好的文化译介效果。

许钧非常重视中华文化典籍的译介，在他看来，"中华文化典籍是中国传统文化的历史积淀，负载了中国文化与思想的传统因子与基本元素，是中国文化'走出去'与前进的历史资源，传承着中国文化的价值观"，所以"中华文化典籍应该成为世界文化与人类文明重要的一部分，获得国际的广泛认识与认可"②。他不仅看到典籍译介的重要价值，也深深意识到典籍译介的困难所在，即"如何准确理解并恰切揭示原作的深刻内涵"③。鉴于此，要想有效推动中华文化典籍译介，许钧认为"中国选择"和"中国阐释"必不可少，"中国选择""通过文本的选择，体现的是中华文化的价值观"，而"中国阐释""则是以对中国文

---

① 许钧，等. 翻译与翻译研究——许钧教授访谈录. 杭州：浙江大学出版社，2018：63.
② 许钧，等. 翻译与翻译研究——许钧教授访谈录. 杭州：浙江大学出版社，2018：90.
③ 许钧. 关于翻译的新思考. 杭州：浙江大学出版社，2020：58.

化精髓准确的理解为基础，保证传译的准确性"①。而无论"中国选择"还是"中国阐释"，都必须以文化自觉为基础和保障。此外，他还特别强调，中华文化典籍的译介者"必须树立正确的价值观，以正确的价值观引领中华文化的译介工作，从深层次上展示文化、影响世界"②。译者是文化译介过程中居于核心地位并发挥能动作用的主体，其所持价值观是否正确必然直接影响到中华文化价值观能否通过翻译得以准确传递。这确实是译学界应予以特别关注的一个方面。

五、结　语

时代赋予翻译新的使命，也向翻译提出新的挑战。担当使命、应对挑战，需要译学界在深入思考与探索中辨明前行的方向。许钧教授多年致力于翻译实践与翻译理论研究，始终坚持在求真中创新，在探索中引领，为我国翻译事业的发展做出了突出贡献。在新的历史语境下，他明确指出，"我们应该进一步加强对翻译的理解，要将我们的翻译、翻译研究与翻译人才的培养与中外文明的互学互鉴、中外文化的交流共生、人类命运共同体的构建紧密结合起来，让翻译在新时代起到更为广泛、

---

① 许多，许钧. 中华文化典籍的对外译介与传播——关于《大中华文库》的评价与思考.外语教学理论与实践，2015(3)：14.
② 许钧. 关于翻译的新思考. 杭州：浙江大学出版社，2020：62.

深刻与积极的作用"①。通过上文的梳理和论述，可以看到，他近年来就中华文化外译所进行的深入思考正是以翻译推动中外文化交流、互鉴与共生这一价值取向为基本出发点和根本目标。许钧有一句名言，"翻译是历史的奇遇"，而布伯曾说："相遇断然不会排列组合而构成世界，但每一相遇皆是世界秩序之表征。"②我们相信，在开放的精神和正确的价值观指引下，翻译将在无数个历史性的相遇中，不仅表征世界，更为构建一个"美人之美，美美与共"的和谐发展的世界发挥重要作用。

（原载于《外国语》2022 年第 4 期）

① 许钧. 关于翻译的新思考. 杭州：浙江大学出版社，2020：84.
② 马丁·布伯. 我与你. 陈维纲，译. 北京：商务印书馆，2018：32.

我觉得应该有这样的机会，使我们的译者、批评者和出版界，包括读者中的代表人物能聚到一起，共同探讨。现在的学问绝非在一个封闭的窠臼里就做得出来的。

在场与互动

——试析许钧关于翻译批评的思考与实践

一、引　言

　　翻译是打破文化隔阂、沟通中外交流的桥梁，随着中国文化"走出去"成为当前我国文化发展战略的关键内容之一，中国文学外译以及翻译对于文化传播和文化建设的重要作用受到文化界、文学界和媒体前所未有的关注，也引发了各界对翻译观念、翻译策略、翻译价值等涉及翻译的根本性问题的热议、争论甚至质疑声。在这样的语境下，就翻译和翻译研究而言，无疑是机遇和挑战并存，同样，作为翻译活动健康开展的监督和保障，翻译批评也凸显出重要的理论价值与现实意义，肩负着重要的历史使命。对此，翻译研究者和翻译批评者如何保持清醒的认识与自觉的意识，勇于承担起时代赋予的责任，从而切实推动中国文学、文化更好地"走出去",这需要译学界进行深入的反思。本文结合许钧教授在翻译批评领域的思考与实践,对这一问题加以探讨,力求促进翻译批评在理论与实践两方面展现其应有价值,真正发挥批评的监督、引导和建构作用。

二、在场与介入

相对于翻译基础理论研究和翻译史研究而言,翻译批评由于起步较晚、缺乏理论的指引以及自身合法地位得不到确立等原因,发展一直较为缓慢,在相当长的时间里往往以"挑错式"和"感想式"的评论居多,缺乏对翻译批评的理论探讨与宏观论述。应该说,直到 20 世纪 90 年代,国内才开始出现较为系统的翻译批评研究,许钧于 1992 年出版的《文学翻译批评研究》可谓国内第一部关于文学翻译批评的理论著作,被国内译学界普遍视为我国翻译批评研究的"开山之作"。王克非、穆雷、李焰明、刘锋等不少学者都发表评论文章,对该书在文学翻译批评途径与方法上的探索与开拓给予了高度评价,认为它为我国文学翻译批评理论体系的构建奠定了基础。除了出版专著之外,那一时期许钧还在香港中文大学的《翻译学报》创刊号、《中国翻译》等翻译研究重要刊物上发表了《试论翻译批评》《关于文学翻译批评的思考》《论文学翻译批评的基本方法》等多篇有关翻译批评研究的论文。

在翻译批评领域，许钧不仅是国内最早的探索者之一，也是始终关注理论研究、积极开展批评实践的坚定的在场者。我们知道，就其本质而言，翻译批评是一种评价行为，因此也是一种对象化的活动，即"主体应在对象——批评实践的结果——中看到自身的本质力量"①。也就是说，翻译批评只有通过实现翻译的价值，才能实现自身作为批评主体的价值。这从根本上决定了翻译批评与翻译实践之间的密切关系。只有对翻译实践中凸显的各种复杂问题与现象有深入的认识，才能对这些问题与现象背后折射的翻译根本性问题有深刻把握与深入思考，才能进而对翻译活动有针对性地加以规范和引导。这一切必须建立在翻译批评有意识地"在场"的基础上，任何的漠然和疏离都不是翻译批评应有的姿态，也无益于翻译批评价值的实现。毫不夸张地说，"在场"是翻译批评自身的必然诉求，也是其根本属性所在。正是基于这样的认识，从 1992 年至今的几十年里，许钧始终以在场者的自觉意识介入翻译批评的思考与实践，在坚持对翻译批评的基本问题以及理论要素、方法与途径等进行深入研究的基础上，以明确的理论意识为指引，对翻译作品、翻译现象等展开积极的批评，同时密切关注翻译现实问题、关注国内翻译批评实践。

翻译批评的在场，首先在于丰富而有益的文本批评实践。作为连接翻译理论与翻译实践的纽带，翻译批评必须力求在理

---

① 毛崇杰. 颠覆与重建——后批评中的价值体系. 北京：社会科学文献出版社，2002：6.

论和实践两方面展现自身应有的价值。翻译实践呼吁翻译批评，这是许钧一贯坚持的立场，他在《翻译论》中明确指出："翻译实践要健康发展，真正担负起它的历史责任，起到应有的价值，就应该是一种自觉的而不是一种盲目的活动。而自觉的实践，就离不开批评。"①正如译作应原作的呼唤而生，翻译批评也是应翻译实践的呼唤而生，因为，"翻译批评的理性之光对于克服翻译实践的盲目性是不可或缺的，而翻译批评的伦理力量对于'不健康的翻译道德'而言无疑是高悬着的一柄达摩克利斯之剑"②。翻译批评的必要性不言而喻，尽管批评的视角、对象和目标可以也应该在不同的背景中呈现出差异性，但其最根本的途径必然是回归文本，以理性的目光关注文本以及文本背后折射出的翻译问题，这是翻译活动的实践性和翻译批评的对象性所决定的。对此，许钧不仅有明确的意识，并且身体力行地对翻译作品尤其是文学翻译经典展开积极的批评。在《文学翻译批评研究》一书的"后记"中，他坦言无意于"去发掘翻译批评的纯理性研究课题"，而是"想从自己对翻译活动的基本认识出发，结合具体的翻译作品，通过实实在在的批评实践，试图在探索合理、科学、公允地评价文学翻译的基本途径与方法上有所收益"③。从 20 世纪八九十年代起，他一直注重选择具有

---

① 许钧. 翻译论（修订本）. 南京：译林出版社，2014：275.
② 许钧. 翻译论（修订本）. 南京：译林出版社，2014：275.
③ 许钧. 文学翻译批评研究（增订本）. 南京：译林出版社，2012：248.

代表意义的批评对象，进行了丰富而极具建设性的文本批评实践，如评论普鲁斯特的《追忆似水年华》、司汤达的《红与黑》、罗曼·罗兰的《约翰·克利斯朵夫》、巴尔扎克的《高老头》等诸多经典文学译作。同时，借助深入、细致的文本分析，对涉及文学翻译的风格、整体效果、再创造的"度"、翻译场域各要素之间的关联与互动，以及文学作品复译等问题进行了深入的思考，从历史和文化高度充分揭示翻译活动的复杂过程和丰富内涵，大大拓展了文学翻译批评研究的深度和广度。

特别值得一提的是，许钧在批评实践中注重将文本批评与对翻译主体——翻译家——的研究有机结合在一起，力求通过对译者主体性与翻译选择、翻译策略与翻译价值目标，以及语言、传统与时代等影响翻译的多重关系的探寻，加深对翻译和翻译批评的认识与理解。对翻译家傅雷的个案研究便是其中一例。在对傅雷的重要译作进行文本批评的基础上，他不仅对傅雷的译文风格进行了深入剖析，还着重探寻了傅雷在翻译过程中对语体的选择及其背后折射出的翻译家的"赤子之心"与"人文情怀"。在他眼中，"正因为有着一颗超凡脱俗的赤子之心，傅雷才能在翻译活动的过程中，充分调动自己的艺术热情和文学才华，忘我地投入，最终把自己的人品融化在译品中，把自己的精神力量连同着艺术心血一道化作了极富魅力的感人的文字，化作了深刻的人文情怀，化作了永恒的生命"①。对傅雷翻译的研究使我们清晰地看到：任何翻译方法和翻译策略的选择与应用都不是孤立的行为，翻译批评的理性力量正在于揭示出文字和文本背后蕴藏的更深刻、更鲜活的内涵与价值。

翻译批评的在场，其次在于对翻译现实问题的关注。翻译批评无论对翻译理论研究还是对翻译实践开展，都应该是最充满活力的一种建构力量，而这种活力无疑在很大程度上来自翻译批评对翻译现实问题的思考与介入。在这方面，许钧有着明确的认识和清醒的意识，多年以来他在翻译批评领域的探索一直与对翻译现实问题的关注紧密结合在一起。例如，1995 年，他关注国内文学复译热潮以及其中涉及的种种翻译问题，组织了关于《红与黑》汉译的大讨论，使之成为"中国当代翻译史上很值得书写的一章"②，对我国翻译和翻译批评的理论与实践产生了重要影响。2002 年，他针对那一时期的翻译质量危机，特别是北京燕山出版社出版的"世界文学文库"及"中学生课外名著阅读推荐图书"中某些译作的严重质量问题，在《光明日报》发表文章，提出从翻译学科建设的根本途径解决翻译实践中凸显的问题。又如，2005 年，他在《中国图书评论》发表《翻译的危机与批评的缺席》一文，明确指出了我国的翻译活动在表面繁荣之下潜藏着不

① 许钧. 赤子之心　人文情怀//宋学智. 傅雷的人生境界——傅雷诞辰百年纪念总集. 上海：中西书局，2011：19.
② 赵稀方.《红与黑》事件回顾——中国当代翻译文学史话之二. 东方翻译，2010(5)：36.

容忽视的多重危机，版权的盲目引进、翻译质量的多重失控、译风的普遍浮躁以及翻译人才的青黄不接等诸多问题已经严重阻碍了翻译事业的健康发展。①当时的译坛由于译风、译德和翻译质量等问题而饱受文化界与媒体的诟病，这篇文章通过敏锐的问题意识和有理有据的分析适时发挥了针砭时弊的警示作用。文中观点不仅激发了翻译界的深入思考，也引起了学界的普遍关注，《新华文摘》2005 年第 22 期全文转载了这篇文章。

　　再如，在当前我国大力实施文化"走出去"战略、加强国际文化交流的时代背景下，翻译肩负着中国文学对外译介、中华文化对外传播的历史使命。同时，随着莫言摘得诺贝尔文学奖以及近期麦家的《解密》向海外推介获得巨大成功，一方面翻译成为各界热切关注和探讨的焦点话题，另一方面"莫言热"和"麦家热"的背后也折射出与翻译息息相关的诸多问题与困惑。可以说，翻译在当前的文化语境中既承载着国人殷切的期望，也遭受着由于中国当代文学总体"出海不畅"而引发的争论、质疑声甚至责难。对此，翻译界和翻译批评界应该以积极的在场者姿态，以敏锐的理性目光密切关注翻译现实，以便有效地应对当前翻译所面临的挑战、更好地促进中国文学和文化"走出去"。针对这一重大的翻译现实问题，许钧同样进行了深入的思考与积极的介入。他在《小说评论》开辟《文学译介与传播》栏目，推动学界对文学译介与传播

---

① 许钧. 翻译的危机与批评的缺席. 中国图书评论，2005(9)：12-14.

中涉及的翻译问题展开全面的思考与研究；同时，为了深入了解在国外译介较多、影响较大的一些代表性作家对中国文学"走出去"的真实想法以及对翻译的认识与理解，他组织了与余华、毕飞宇、苏童、池莉、阎连科等著名作家的访谈，在《中国翻译》等期刊陆续推出。此外，他还在《中国翻译》《外国语》上接连发表了《关于加强中译外研究的几点思考》《直面历史　关注现实——关于新时期翻译研究的两点建议》《文学翻译模式与中国文学对外译介》等重要文章，呼吁译学界加强问题意识和理论敏感性，切实改变在各界围绕翻译问题的争论中漠然和缺席的状态，同时对新的历史时期中翻译的作用、原作与译作的关系、翻译主体的作用、翻译策略与翻译接受等核心问题展开深入的思考与研究。《人民日报》自 2014 年 7 月 29 日起在《文艺观察》栏目以"关注翻译文化"为题推出系列文章，汇集政府、文化界、翻译界等各方声音，对中国文化"走出去"战略目标下的翻译问题进行了多维度的探讨。其中许钧的署名文章《"忠实于原文"还是"连译带改"》从文学译介的阶段性和不平衡性的角度，针对当前有关中国文学外译中的翻译观念和翻译方法问题存在的一些模糊甚至错误的认识，明确指出应警惕并反思某些学者和媒体"将葛浩文式的翻译方法绝对化、唯一化和模式化"①的倾向。这一观点无疑彰显了一位翻译研究者和翻译批评者对于翻译现实问题清醒的认识、敏锐的洞

---

① 许钧，徐鹏飞．"忠实于原文"还是"连译带改"．人民日报，2014-08-07(24).

察与自觉的理论意识，而这正是往往处于缺席和失语状态的翻译批评在新的时代语境中所迫切需要的。

翻译批评的在场，还在于对翻译批评实践本身的反思与推动。翻译活动的开展有赖于健康、理性的翻译环境，构建良好的翻译环境则离不开翻译批评这一重要的监督、警示和反思力量，而翻译批评能否真正展现出应有的力量与价值，又离不开批评界对翻译批评实践本身的切实关注和不断反省。反省自身，是批评不断获取动力与批判力的源泉。当贝尔曼提出要让翻译批评成为"一种自省的，能以其自身特点为批评主体的，产生自身方法论的评论方式"[1]时，他所强调的就是一种翻译批评赖以建构自身理论体系、进而确立自身合法地位的明确的自省精神。基于这样的认识，许钧不仅注重文本批评实践、关注翻译现实问题，同时也密切关注国内翻译批评活动的开展，揭示其中存在的问题或不良倾向，并及时予以引导和纠正。正如《翻译论》中所论述的，许钧始终认为翻译批评是一项非常严肃的工作，批评者不仅要有"敏锐的批评意识、深厚的学术素养"，还必须具备"严肃的学风和实事求是的精神"。[2]因此，他注意到，并明确指出应避免文学翻译批评实践中存在的两种不良倾向："一是无原则的吹捧，一味说好话；二是恶意的攻讦，根

---

① Berman, A. *Pour une critique des traductions: John Donne*. Paris: Editiions Gallimard, 1995: 45.
② 许钧. 翻译论（修订本）. 南京：译林出版社，2014：295.

本达不到批评的目的。"①作为一种主体性的精神活动，翻译批评应树立客观意识和求"真"的精神，既不一味寻美，也不一味求疵，真知灼见和真情实感两者都不可缺少。毋庸置疑，健康的批评氛围以及批评者真诚的精神品格与主观姿态对于翻译批评而言至关重要。鉴于此，在 1995 年那场影响深远的关于《红与黑》汉译的大讨论中，作为组织者和积极参与者，许钧始终倡导一种健康的学术交流与对话，并注重营造一种有利于翻译事业理性发展的批评氛围。在讨论过程中，他对罗新璋、许渊冲两位翻译家的《红与黑》译本都公开提出了批评，后者也针对他的批评予以回应和反批评，尽管"短兵相接"式的争论不可谓不激烈，但双方都本着实事求是的态度进行翻译探索，共同推动翻译批评的健康开展。这种良好的批评氛围以及批评者与被批评者之间的真诚互动在很大程度上促使《红与黑》汉译大讨论成为我国翻译批评史上一次具有积极意义的事件，并在理论和实践两方面发挥了重要作用。

　　关注并反思翻译批评实践的开展，许钧还对国内翻译批评的现状有着清醒的认识和准确的把握，在前面提到的《翻译的危机与批评的缺席》一文中，许钧不仅分析了翻译活动潜藏的重重危机，更进一步明确指出，导致翻译危机的根本原因之一在于翻译批评的缺席，具体表现为对翻译重大的现实问题的某

---

① 许钧. 翻译论（修订本）. 南京：译林出版社，2014：295.

种麻木性、对一些具有倾向性的热点翻译问题的失语以及对一些不良的翻译现象缺乏应有的批评和斗争。[1]这样的翻译批评无法承担其应有的责任，"对于翻译事业的健康发展无疑是不利的"[2]。面对翻译界暴露出的种种危机，翻译批评何以安身立命？积极应对危机与挑战、肩负起翻译批评应尽的职责，首先必须立足于对翻译批评现状的关注与把握，而这有赖于批评者充分的主体意识、高度的责任感和勇于反思的批判精神。

　　主体因素无论对翻译还是翻译批评而言都具有重要意义。在翻译批评领域，许钧既是探索者和开拓者，也是坚定的在场者与积极的介入者，他的不懈追求让我们一再看到：对于实践性极强且主体特征十分显著的翻译批评来说，批评者的能动作用对翻译批评的科学开展有着决定性意义，而这种能动作用的发挥不仅依赖于批评者在语言、文学与文化层面的基本能力与素养以及他在批评中展现出的主观态度，更取决于批评者科学的批评精神、充分的问题意识和理论敏感性以及指引翻译实践、促进翻译事业理性发展的责任感与使命感。

三、多维的互动

　　传统翻译批评往往局限于语言、文本和翻译技巧层面，并倾

---

[1] 许钧. 翻译的危机与批评的缺席. 中国图书评论，2005（9）：14-15.
[2] 许钧. 翻译的危机与批评的缺席. 中国图书评论，2005（9）：15.

向于一种裁决式的评判，这在很大程度上源于"批评"一词与生俱来的否定性以及翻译活动难以摆脱的"附属性"和"缺陷性"①。自从翻译研究的文化转向以来，人们对翻译活动的本质与内涵的认识和理解也发生了深刻变化，"价值判断式的"翻译研究术语和观念遭致疑问，取而代之的是一种"描述性的、以译文为中心的、功能性以及系统性的文学翻译研究方法"，着重考察"控制翻译产生和接受过程的规范和约束机制"以及翻译作品在"特定文学和不同文学互动过程中的地位和作用"。②在这样的语境下，翻译批评也越来越意识到不能把评价的目光局限在文本或单纯的语言转换过程，而应将从译本选择、翻译生产到翻译的传播与接受这一广义翻译过程中的诸要素都纳入批评的视野下，并通过批评自身理应彰显的对话与互动精神，促进翻译批评切实发挥对整个翻译理论与实践的引导和建构作用。

我们知道，翻译在本质上具有批评和对话的特性。而批评，无论是文学批评，还是翻译批评，都可以被理解为一种广义的阅读，这种阅读在读者与文本之间以一种普遍的"对话—理解"模式出现。因此，作为批评的批评、参与了对话的对话，翻译批评与翻译本身一样，甚至更需要一种互动的精神。从根本上说，这种对话的特性和互动的精神是由翻译批评的本质所决定

---

① Berman, A. *Pour une critique des traductions: John Donne*. Paris: Editions Gallimard, 1995: 41.
② 赫曼斯. 翻译研究及其新范式. 江帆，译//谢天振. 当代国外翻译理论. 天津：南开大学出版社，2008：309.

的。当贝尔曼力图廓清翻译批评的概念，为翻译批评正名时，他着重强调的关键正在于，翻译批评必须摒弃其传统的裁决性的否定角色，转而着重于其"肯定性"①和"建设性"②，唯有如此才能真正获得"大写的批评"③的合法地位。而只有明确树立一种对话与互动精神的翻译批评，才能在促进理论与实践的沟通、历史与现实的观照以及翻译场域内各要素之间的交流的基础上，展现其作为"大写的批评"的理性与建构力量。如果说，"在场"是翻译批评自身的必然诉求，那么同样，"互动"也是批评的根本属性，是翻译批评得以彰显其价值的必要保证。

1. 理论与实践的互动

在我国翻译界，理论与实践的互动一直是亟待解决的问题，具体到翻译批评，也同样如此。一方面，由于缺乏理论的指引，翻译批评的理性意识不足，探讨往往局限在翻译技巧层面，甚至流于"好"与"坏"的简单评判，没有充分关注翻译的动态过程，也没能彰显出批评应有的引导性和建设性；另一方面，近年来，随着译学界对翻译批评的日益重视，翻译批评的理论研究取得了相当的进展，但真正针对翻译文本或翻译现象展开的批评实践却远远不够，使翻译批评在某种程度上失去了"在

---

① Berman, A. *Pour une critique des traductions: John Donne*. Paris: Editions Gallimard, 1995：38.
② Berman, A. *Pour une critique des traductions: John Donne*. Paris: Editions Gallimard, 1995：96.
③ Berman, A. *Pour une critique des traductions: John Donne*. Paris: Editions Gallimard, 1995：13.

场"的鲜活生命力。可以说，正因为翻译批评缺乏积极有效的理论与实践的互动，导致在翻译质量、翻译风气甚至翻译道德都不断遭致疑问的今天，翻译批评对于保证翻译事业健康发展的监督和指引作用没有得到切实的发挥。如何沟通翻译批评的理论与实践，促使两者之间的结合与互动，对于翻译批评价值的体现而言具有十分重要的意义，因而也是译学界必须深入思考的问题。作为翻译批评领域的开拓者和在场者，许钧不仅长期致力于翻译批评理论的探索，同时也一直积极从事翻译批评实践，并且非常注重理论与实践的相互沟通与相互促进，在这方面为我们提供了可贵的借鉴。

立足实践、探索理论，从翻译和批评实践出发，以实践中的经验总结与理论思考为基础，对文学翻译批评的原则、路径、方法等提出建设性的观点和意见，这恰是《文学翻译批评研究》一书呈现出的鲜明特色。书中针对文学翻译批评进行的探讨，基本上都以翻译实践和翻译批评实践为基础，尤其是许钧参与翻译的普鲁斯特的名著《追忆似水年华》，这为他思考翻译、评价翻译和探讨翻译批评活动提供了宝贵的资源与空间。通过对翻译过程中较为突出的长句处理、隐喻再现、风格传达等难点和问题的深入剖析与反思，通过对翻译结果的自我批评与客观审视，许钧对翻译批评的本质、内涵以及翻译的可行性都有了更深刻的认识和理解，并深刻意识到，文学翻译批评不能"仅仅局限于原文与译文的正误判别与总体感觉"，而要"从文化、语言与审美等各个层次去进行多角度的发掘"①。例如，在评价《追忆似水年华》汉译隐喻的再现中，他结合自己在翻译过程中切实遭遇的困难以及由此对翻译原则、翻译方法和翻译效果等问题的发现与思考，充分认识到，"如果说在逻辑意义传达层次，只要转换语言符号，如音、形、义重新结合，便可达到相当完美的传译高度的话，那么，在形象再现这一层次，由于掺入了不同民族读者的文化、心态与审美习惯因素，仅仅靠机械地转换语言符号来表现同一形象显然是不够的"②。在此基础上，他提出文学翻译批评必须避免认识的简单化和评价的片面性，应遵循整体性、层次性和多因素权衡的评价原则，并特别强调"客观、科学的翻译批评，应该基于对影响翻译活动的诸要素的深入了解和全面把握"③。通过对翻译文本多层次、多维度的批评，许钧在深刻理解与把握翻译活动的本质、规律与方法的同时，对翻译批评的基本理论要素、方法与途径进行了系统总结与深入思考，力求促使翻译批评在理性之光的指引下更具科学性和有效性。翻译批评在理论与实践上的互动无疑将有力推动翻译事业的发展和翻译批评价值的实现。

2. 文字、文学与文化的互动

翻译在形式上是一种语言转换过程，但更是异质文化间相互

---

① 许钧. 文学翻译批评研究（增订本）. 南京：译林出版社，2012：87.
② 许钧. 文学翻译批评研究（增订本）. 南京：译林出版社，2012：113.
③ 许钧. 文学翻译批评研究（增订本）. 南京：译林出版社，2012：123.

碰撞与交融的过程。翻译必然涉及文字和文化两个层面，就文学翻译而言，它必然具有文学性。因此，文学翻译应该是文字、文学、文化三位一体、共同作用的产物。如许钧所言，"文学翻译，有其特殊性。文学，是文字的艺术，文化的一个重要组成部分，而文字中，又有文化的沉淀。因此，文字、文学、文化是一个难以分割的整体"①。英语中有 "literal translation" 和 "literary translation" 的区别，许渊冲借此专门论述过中文语境下的 "文字翻译" 和 "文学翻译"，他认为，"文字翻译与文学翻译的分别，大致说来，就是直译与意译、形似与神似的分别"②。并且，他以著名的 "魂归离恨天" 为例，对中国翻译界的 "何去何从" 提出疑问："到底是闭关自守，夜郎自大，坚持自己洋泾浜式的'翻译腔'，还是参考国际和国内舆论，改文字翻译为文学翻译呢？"③对此，许钧从文化交流的高度进行了更为客观而审慎的思考，在考察了语言、思维方式与文化之间的关系后，他指出："当我们读到带有'欧化'倾向的西方文学作品时，不能简单地贬之为'文字翻译'，也许这种翻译正是体现了一种传达异域文化、风俗、思

---

① 许钧. 文字·文学·文化——《红与黑》汉译研究（增订本）. 南京：译林出版社，2011：16.

② 许渊冲. 文字翻译与文学翻译——读方平《翻译杂感》后的杂感//许钧. 文字·文学·文化——《红与黑》汉译研究（增订本）. 南京：译林出版社，2011：58.

③ 许渊冲. 文字翻译与文学翻译——读方平《翻译杂感》后的杂感//许钧. 文字·文学·文化——《红与黑》汉译研究（增订本）. 南京：译林出版社，2011：60.

维、审美的追求。而我们读到纯粹'汉化'，不带一点翻译痕迹的外国文学翻译作品时，我们也不要轻率地就褒之为'文学翻译'，因为若过分'汉化'，原作所蕴含的异国情调，所承载的异域文化，就可能被冲淡，甚至被取代了，就达不到交流的目的。"①在这个意义上，他强调，"文学翻译也好，文学翻译批评也罢，切不能忽视或轻视'文字'与'文化'的关系，不能将'文字'、'文学'与'文化'完全割裂开来"②。重视翻译的文化属性、从翻译活动的跨文化交流本质出发认识与理解翻译，是许钧在翻译和翻译批评的思考与实践中一直坚持的自觉意识和基本立场。在他看来，翻译的文化性是翻译的本质特征之一：从翻译的功能看，翻译的本质作用之一在于促成操不同语言的人们通过文化层面的交流获得精神的沟通；从翻译的过程看，翻译活动的进行时刻受到文化语境的影响；从翻译的实际操作层面看，由于语言与文化的特殊关系，在具体语言的转换中，任何译者都不能不考虑文化的因素。③具体到翻译批评，他认为翻译批评的基本原则之一就在于应坚持文化观，"要有一种宏大的文化视野，从文化交流的高度去评价翻译史和具体翻译活动中的一些重要问题，如翻译选择、文化立场、价值重构等"④。将翻译置于文字、文学、文化的

① 许钧. 文字·文学·文化——《红与黑》汉译研究（增订本）. 南京：译林出版社，2011：20-21.
② 许钧. 文字·文学·文化——《红与黑》汉译研究（增订本）. 南京：译林出版社，2011：22.
③ 许钧. 翻译论（修订本）. 南京：译林出版社，2014：48.
④ 许钧. 翻译论（修订本）. 南京：译林出版社，2014：288.

有机结合与互动中加以认识与考察，在这一点上，对《红与黑》汉译的探讨可以说是一次很好的证明。在整个讨论中既有对于人名、地名运用的细节探讨，也有从语言层面对文本风格的剖析，还有从历史和文化高度就时代背景和社会文化因素对翻译的影响进行的专门研究。通过这方方面面的考察与探索，文字、文学与文化三个维度密切关联，真正处于和谐与统一之中。

特别要指出的是，许钧在翻译和翻译批评研究中虽然一贯坚持树立翻译的文化观，但他从来没有孤立地看待翻译的文化属性，更没有片面地强调翻译研究中的文化维度，而是始终将思考和实践建立在文字、文学、文化三者相互融合、密切互动的基础上。他清醒地意识到，"如果翻译研究泛化成为文化研究，乃至社会研究、历史研究，那么整个翻译学也就失去了其作为独立学科存在的基础和意义"①。鉴于此，针对当前翻译研究中存在的泛文化倾向，他提出翻译研究应充分重视翻译最根本的属性，即它是一种"语言实践活动"、一种"符号转换活动"，应在深入研究并深刻把握翻译活动本质属性的基础上回归翻译研究的本体。

3. 翻译场域各主体要素之间的互动

随着翻译研究的文化转向，译学界不断拓展视野，对翻译活动的丰富内容和复杂过程有了越来越清晰的认识与理解，因此也越来越意识到，对翻译的考察与评价不应局限于从源文本到译文

---

① 许钧. 翻译研究之用及其可能的出路. 中国翻译，2012(1)：9.

本的狭义翻译过程，而要将关注的目光转向包括拟译文本的选择、译本的生成以及译作在目的语社会文化语境内传播与接受的整个历程在内的广义翻译过程。如果说翻译是一个由原作作者、原作、译者、译作、译作读者以及出版者共同构成的场域，那么，翻译批评应发挥其沟通功能，引导并促进翻译场域内各主体要素之间的交流与互动，以共同促进翻译事业的发展。许钧等所著的《文学翻译的理论与实践：翻译对话录》收录了许钧与季羡林、萧乾、文洁若、叶君健、赵瑞蕻、吕同六、杨武能等 20 多位翻译家的对话，同时也辑录了学界和媒体对许钧的访谈，翻译家、翻译研究者与媒体一起，从各个角度就翻译尤其是文学翻译中一些具有共性的问题展开探讨，深入交流各自在翻译实践与翻译探索历程中的经验、体会和见解。该书一方面以独特方式对 20 世纪中国文学翻译经验与翻译思想进行了系统梳理，为译学界提供了极为珍贵的第一手资料，另一方面也切实展现了翻译场域内不同主体之间的交流与互动，对翻译理论研究与翻译批评都具有重要的推动作用和启迪意义。

此外，译者、读者与出版者之间应该也完全可能形成积极的互动，进而从不同层面共同把关翻译质量、构建良好的翻译环境，促使翻译的价值得以体现。在这一点上，关于《红与黑》汉译的讨论同样提供了一个极具代表性的例证。1995 年，在发表《〈红与黑〉汉译读者意见征询》后的短短三个星期内，《文汇读书周报》收到来自全国大部分地区的 316 封读者回函，不同年龄层次与文化层次的读者就《红与黑》的汉译和文学名著复译等问题各抒己见，进行了积极的讨论。针对读者和批评者就翻译提出的疑问，译者通过对谈、通信、杂感等形式进行回应，或说明、解释，或商榷、反驳，阐述翻译观念，为译文辩护。在这样的相互交流中，译者的翻译追求和主观愿望与读者的审美要求和阅读期待之间形成了很好的沟通，象牙塔里的专家学者们也从读者的真实体会中获取了不少新的视角、新的思路。在各方积极而有效的互动中，这次关于《红与黑》汉译的大讨论从观念、意识、方法与途径等各个层面推动了我国翻译与翻译研究的发展。

今天，网络文化的发展为各类交流带来了便利，为读者与译者、翻译研究者之间的互动提供了更大的空间，也为翻译批评的沟通和引导作用提供了新的可能、提出了新的要求。对此，许钧明确指出："随着网络文化的空前发展，读者对翻译批评的参与程度越来越高，很多读者乐于将自己对某部译作的阅读感受在网络上进行表达与交流。译作总是为读者服务的，读者的感受、期待和要求如果能充分、及时地被了解、被关注，这对译者而言无疑具有重要的启发意义。同时，在翻译批评的沟通和引导下，读者的欣赏水平和鉴别能力也会相应提高，从而对翻译有更高的期待和要求，这就会对整个翻译活动构成重要的制约和规范因素，促使翻译者和出版者进一步明确努力方向，也进一步加强责任意识。"①实际上，把"出版界、翻译界和读者沟通起来"，这是许钧一贯的主张，他曾经直言，"我觉得应该有这样的机会，使我们的译者、批评者和出版界，包括读者中的代表人物能聚到一起，共同探讨。现在的学问绝非在一个封闭的窠臼里就做得出来的"②。这恐怕也是他策划和组织关于《红与黑》的汉译大讨论，并借此汇集各方声音共同探讨翻译、推进翻译研究的一个根本原因。

4. 历史与现实的观照

在中国文学、文化"走出去"的时代语境中，翻译既肩负着重要的使命，同时也遭受着来自文化界、文学界的诸多疑问，面临着巨大的挑战，在翻译观念、翻译方法、翻译价值目标等一些涉及翻译的根本性问题上都亟待加深理解、澄清认识。应该如何有效地应对新的历史时期翻译和翻译研究中这一新的重大现实问题，翻译界尤其是翻译批评界必须进行深入的思考。我们知道，翻译活动是人类发展历程中一种历史的存在，既不可避免地具有历史局限性，又必然展现出不断超越局限、不断发展的可能性。在这个意义上，关注翻译的现实，有针对性地对中国文学外译与传播中的问题与困惑进行研究，需要译学界有一种历史的目光，从翻译史和文化交流史的高度加深对翻译活动的认识与把握。在

---

① 刘云虹，许钧. 翻译批评与翻译理论建构——关于翻译批评的对谈. 外语教学理论与实践，2014(4)：7.

② 许钧. 生命之轻与翻译之重. 北京：文化艺术出版社，2007：247.

这方面，许钧持有鲜明的观点和立场，在充分肯定翻译历史性的基础上，他始终坚持翻译与翻译批评研究的历史观。在《直面历史 关注现实》一文中，他明确指出，"翻译史的研究是综合性的，翻译家、翻译实践、翻译文本是研究的基础与出发点，但从翻译出发，一路所涉及的问题就不仅仅限于翻译本身，翻译动机、翻译环境、影响翻译的因素、翻译的功能等会在翻译史的整体观照中得到更为客观的阐释。在这个意义上，我们可以说，没有对翻译史的整体性研究，就不可能在历史的高度全面认识翻译形态的多样性、人类翻译活动的丰富性和复杂性，而没有对人类翻译活动丰富性和复杂性的把握，就不可能认识翻译活动的根本性特征，不可能认识翻译活动所涉及的根本性问题，更无法把握翻译活动的历史性和发展性。"①事实上，通过历史的观照来澄清和考察翻译现实问题，正是目前的翻译批评实践中迫切需要关注的一个方面。例如，在莫言获诺贝尔文学奖后，各界和媒体对葛浩文式"连译带改"的翻译持有迥异的观点，既有肯定也有质疑声，甚至还有批判的声音。对此，倘若我们从翻译历史观的角度对翻译观念以及翻译策略与方法等问题进行审视和研究，就不难发现，葛浩文以西方读者的接受为出发点采用删节、改译等翻译策略，在中国文学翻译史上不乏类似的例子，最有代表性的就是林纾的翻译。翻译批评界完全可以深入译史的发展进程中，从中西

---

① 许钧. 直面历史 关注现实——关于新时期翻译研究的两点建议. 外国语，2014(3)：2.

方文化接受的不平衡性以及文学译介的阶段性与翻译活动的历史性等角度更加合理地看待葛浩文的翻译策略，并对这一翻译模式在中国文学外译中的作用与历史地位等问题做出更为深入而理性的思考。

历史与现实的观照的关键，不仅在于以历史的目光审视翻译遭遇的重大现实问题，还在于以现实的目光对历史上有代表性的翻译现象、翻译事件或有争议的翻译问题进行反思，并在此基础上更加客观地看待翻译对人类社会的发展所做出的实际贡献和它必然遭遇的历史局限。由此出发，如许钧所指出的，"对严复提出的'信达雅'之说的丰富内涵的探索、对林纾与鲁迅翻译的文化阐释以及对'五四'时期翻译的多重价值的挖掘，就有可能避免片面和武断"①。以严复的"信达雅"之说为例，许钧一方面注意到"近十几年来，中国翻译研究界在借鉴与吸收西方翻译思想和翻译研究成果的过程中，有一些学者似乎对中国传统的翻译思想和原则越来越不屑，对严复的'信达雅'之说更是持批判、否定的态度"②，另一方面却发现，目前在翻译生产与传播、翻译竞赛与评估等广阔的实践领域，"信达雅"仍然被视为翻译的准则以及衡量、评价翻译质量的重要标准，并以深远的影响度和广泛的覆盖面一再显示出强大的生命力。针对这一令人深思的现

---

① 许钧. 直面历史 关注现实——关于新时期翻译研究的两点建议. 外国语，2014(3)：2.
② 许钧. 生命之轻与翻译之重. 北京：文化艺术出版社，2007：138-139.

象，他立足于时代发展和多元文化语境，从理论创新与实践支点两个层面深刻剖析了"信达雅"在新的时代语境下对于翻译与翻译研究的重要价值，既对这一在翻译理论界饱受争议和质疑的传统翻译标准进行了重新审视，也赋予了它新的内涵与活力。①

四、结　语

翻译事业的健康发展离不开翻译批评，在中国文化"走出去"的时代背景下，翻译更担负着不可推卸的重要责任，也更需要具有理性精神与建构意识的翻译批评和批评者。无论在理论层面，还是在实践层面，翻译批评都可谓任重而道远。许钧教授多年来一直坚持在翻译批评领域积极介入、勇于探索，从理论高度加深对翻译和翻译批评本质的认识、从历史与文化高度为翻译和翻译批评定位、从文本生产角度开拓翻译的可能性。他关于翻译批评的思考与实践中始终渗透着一位清醒的批评者的探索精神、自觉追求和历史使命感，无疑为译学界进行翻译批评研究与实践提供了有益而宝贵的借鉴。这种借鉴既是方法意义上的，更是精神意义上的。

（原载于《外国语》2015 年第 2 期）

---

① 刘云虹，许钧. 理论的创新与实践的支点——翻译标准"信达雅"的实践再审视. 中国翻译，2010(5)：13-18.

翻译作为跨文化的人类交际活动，有着不可避免的历史局限性。就具体的翻译活动而言，无论对原文的理解还是阐释，都不是一个译者一次就能彻底完成的。

中西翻译批评研究的共通与互补

——以许钧和安托万·贝尔曼为例

一、引　言

进入新的历史时期，翻译在社会发展、文化交流等各个方面发挥着越来越重要的作用，翻译活动本身也日益呈现出丰富性与复杂性，同时，翻译界存在着翻译价值观混乱、翻译质量低劣、翻译风气浮躁等亟待关注与解决的问题。在这一背景下，翻译批评的实践介入与理论建设都显得尤为重要。考察当代中西译学发展历程，如果说就翻译理论研究而言，我国在早期更多地表现为对西方翻译理论的吸收与借鉴，那么从翻译批评研究来看，中西方却存在诸多契合之处，彰显出齐头并进的态势。近二三十年以来，作为一个较年轻的学科领域，翻译批评的发展尽管仍相对滞后，但在学者的不懈努力下，中西翻译批评研究都取得了令人欣喜的进展。回顾中西翻译批评研究的重要成果，我国著名翻译理论家许钧教授与法国著名翻译理论家安托万·贝尔曼教授的相关研究可以说在其中具有突出的代表性，对推动两国乃至世界翻译批评实践与理论的发展做出了重要贡献。本文拟就两位学者的翻译批评研究进行比较分析，揭示其共性与特性，并在此基础上考察中西翻译批评研究的共通与互补，把握翻译批评研究的核心问题，力求促使翻译批评在理论与实践两个层面发挥其应有作用。

二、从共性看中西翻译批评研究的共通

20 世纪 90 年代，随着翻译活动的日益繁荣与翻译理论研究的逐步深入，学界开始关注翻译批评的理论建设。1992 年，许钧的《文学翻译批评研究》由译林出版社出版，这是我国第一部关于文学翻译批评的理论著作，国内译学界普遍将之视为我国翻译批评研究的"开山之作"。王克非、王殿忠、刘峰等多位学者发表评论文章，对该书在文学翻译批评途径与方法上的开拓性研究予以高度评价，认为该书针对翻译批评存在的问题与局限，在文学翻译批评探索中"走出了很有意义的一步"[1]。同一时期，许钧还在《中国翻译》《语言与翻译》及香港中文大

---

[1] 王克非. 关于翻译批评的思考——兼谈《文学翻译批评研究》. 外语教学与研究，1994(3)：33.

学的《翻译学报》（创刊号）等翻译研究重要刊物上发表了《关于文学翻译批评的思考》(1992)、《论文学翻译批评的基本方法》（1993）、《试论翻译批评》（1997）等多篇有关翻译批评研究的论文。1995 年，法国伽利玛出版社出版了安托万·贝尔曼的著作《翻译批评论：约翰·多恩》。该书由理论探索与批评实践两个部分构成，以促使长期处于非理性状态并缺少"一种象征性地位"①的翻译批评合法化、理论化为目标，探寻建构性的翻译批评模式。该书不仅是法国翻译界最具系统性与影响力的翻译批评论著之一，在国际译学界的翻译批评研究领域同样具有开创性意义。

这两部中西翻译批评研究的代表性著作出版时间极为相近，这在一定程度上表明，相较国内译学界对中国翻译研究落后于西方的基本判断，中西翻译批评研究却明显呈现出同步性。我国与西方翻译学界共同关注到翻译批评存在的局限，并几乎同时在理论探索上取得了具有重要价值的成果。如果说著作问世时间的一致或许只是某种表面上的"巧合"，那么深入考察两位学者的翻译批评研究，就会发现两位在诸多方面存在共性。

1. 立足翻译实践，由经验导向理性思考

作为一种评价活动，翻译批评的根本属性之一是其对象性。翻译批评以翻译实践为根本对象，只有在深入考察翻译实践中

---

① Berman, A. *Pour une critique des traductions: John Donne*. Paris: Editions Gallimard, 1995: 43.

凸显的种种困难、疑惑与现象的基础上，对其背后的翻译根本性问题进行深入思考，才能有针对性地对翻译活动加以规范和引导。因此，丰富的翻译实践经验对于翻译批评而言不可或缺。许钧不仅是翻译理论家，更是一位译著等身的翻译家，他翻译出版法国文学与社科名著 30 余部，代表性译著有普鲁斯特的《追忆似水年华》（卷四）、勒克莱齐奥的《诉讼笔录》、昆德拉的《不能承受的生命之轻》、雨果的《海上劳工》、布尔迪厄的《关于电视》、贡巴尼翁的《现代性的五个悖论》等。在《文学翻译批评研究》一书中，许钧明确表示，"从自己对翻译活动的基本认识出发，结合具体的翻译作品，通过实实在在的批评实践，试图在探索合理、科学、公允地评价文学翻译的基本途径与方法上有所收益"①。可以看到，该书几乎一半篇幅是针对《追忆似水年华》汉译的分析与评价，立足于他本人在翻译这一文学名著过程中遭遇的困难及积累的经验，许钧对文学翻译中"再创造"的原则与方法，对长句处理、隐喻再现与风格传达等问题都进行了深入细致的探讨，力求在剖析翻译得失的基础上，探索具有普遍意义的理论问题与翻译方法。在一次对谈中，许钧坦言："《文学翻译批评研究》一书正是在很大程度上得益于我的翻译实践，如果我没有参加《追忆似水年华》的翻译，就不可能那么深切地体会到翻译普鲁斯特的困难，也不可能发现

---

① 许钧. 文学翻译批评研究. 南京：译林出版社，1992：195.

在翻译过程中出现的有关翻译原则、翻译方法等问题，自然也就谈不上对诸如此类涉及翻译的根本性问题进一步加以思考和研究了。"①

同样，贝尔曼也是一位具有丰富翻译实践经验的翻译家，翻译了大量西班牙语、德语、英语等语种的文学作品与社科著作，如罗伯特·阿尔特的《七个疯子》、施莱尔马赫的《论翻译的不同方法》、巴斯托斯的《我，至高无上者》等。贝尔曼在《始于译者》一文中表示，"事实上，我对翻译的思考均源于我的翻译活动"，"正是翻译经验构成了我与翻译的普遍联系中的重心。我之所以是译论者，仅仅因为我首先是一名译者"。②以《七个疯子》为例，阿尔特的这部代表作以其独特的语言风格与创作手法给翻译带来了极大的挑战，作为译者，贝尔曼在民族主义中心式的翻译与对原作的忠实之间面临选择，作为译论者，贝尔曼在每一次权衡得失的抉择中思考翻译必然面对的价值、方法与伦理问题，从而在经验与思考的深刻互动中实现对翻译及翻译批评根本性问题的探索。

真正介入翻译批评，就必须从翻译实践出发，完成从感性认识到理性思考的升华。对具有很强实践性的翻译批评而言，这一点尤为重要。否则，缺乏实践基础的翻译批评研究只能是

---

① 刘云虹，许钧. 翻译批评与翻译理论建构——关于翻译批评的对谈. 外国语，2014(4)：3.

② Berman, A. Au début était le traducteur. *TTR*, 2001(2): 15-16.

"无源之水"或"无本之木",无法真正发挥翻译批评应有的作用。

2. 清醒认识翻译批评现状,拓展翻译批评的理论途径

批评是一个相当宽泛的概念,法国当代著名美学家杜夫海纳曾说,"无论我们是否专家,我们都在以自己的方式作为批评家而存在,我们会毫不犹豫地评价呈现在我们眼前的东西"[①]。但真正意义上的翻译批评应具有批评的理性之光,展现批评促使其对象实现自身价值的力量。批评者因而必须对翻译批评现状有清醒的认识。这在许钧和贝尔曼两位学者身上同样表现出契合的共性。在《文学翻译批评研究》中,许钧明确指出:"若留心我国的文学翻译批评现状,也许会发现两个值得注意的倾向:一是'过死',二是'过活'。前者只处于翻译批评的基本层次,也可以说最低层次,无需理论的指导,只要对照原文与译文,挑出其中的错误(往往是逻辑意义层次的错误),也就罢了;后者则超越这一最基本的层次,纯粹是感想式的,一册译文在手,不及细读,凭着自己的主观印象,以及自己的好恶,对译文作出结论式的评价。"[②]由于清醒地认识到"显微镜"式的文本比较批评与"望远镜"式的印象主义批评存在较大的局限性,无法切实发挥翻译批评对翻译活动的规范与引导作用,

---

① 转引自:毛崇杰. 颠覆与重建——后批评中的价值体系. 北京:社会科学文献出版社,2002:3.
② 许钧. 文学翻译批评研究. 南京:译林出版社,1992:33.

许钧对翻译批评究竟应如何开展进行了深刻反思。在他看来，真正的翻译批评应立足文本，但不能囿于单一的文字层面，而要充分关注翻译过程并深入考察其中涉及的文本内外多重复杂因素。因此，结合"文学翻译批评现状和一些带有倾向性的问题"，他认为翻译批评不能"仅仅局限于原文与译文的正误判别与总体感觉"，而要"从文化、语言与审美等各个层次去进行多角度的发掘"①，探索以文字、文学、文化三位一体，关注文本与关注过程紧密结合为根本取向的翻译批评理论途径。

贝尔曼对翻译理论途径的探寻同样立足于他对翻译批评现状的清醒认识，正是看到了已有翻译批评的不足，他力求为翻译批评构建新的理论途径。在《翻译批评论：约翰·多恩》中，贝尔曼对亨利·梅肖尼克的介入批评与特拉维夫学派（以图里和布里塞为代表）的功能主义批评进行了严厉批判。在他看来，梅肖尼克的批评模式在本质上从属于诗学范畴，具有明显的出发语倾向，且梅肖尼克在翻译批评中始终采取一种论战式态度，仅满足于对译文不足进行摧毁性的评判，对造成原文缺陷的原因却未能加以深入分析。而特拉维夫学派的批评模式走向了另一个极端，带有明显的目的语倾向，它忽视了翻译的自治性及文学移植的阶段性，盲目地将翻译文学纳入文学多元系统中，并以可接受性作为翻译的首要和主要目标。在该模式下，真正

---

① 许钧. 文学翻译批评研究. 南京：译林出版社，1992：121.

的翻译被认为是在某一时刻"恰当的"翻译，但"恰当"不是指与原作相符，而是指与目的语文化相符，从而使文学翻译沦为一种由目的语文化规范主导的、以可接受性为归宿的改写过程。①贝尔曼认为，这两种翻译批评模式都具有某种机械性，都在一定程度上忽视了翻译主体这一能动因素，无益于揭示翻译的真理。基于这样的认识，他从翻译主体入手，借鉴现代阐释学相关理论，将译者置于翻译立场、翻译方案与翻译视域中进行考察，探索以译者为中心，以建设性为目标的翻译批评模式。

3. 把握本质，构建翻译批评理论体系

由于理论研究的滞后以及由此导致的科学意识与理性精神的缺失，翻译批评往往处于"缺席"和"失语"状态，难以真正展现其应有价值，在国内外翻译界都同样如此。对这一问题，许钧和贝尔曼有着深刻认识。许钧看到，"由于缺乏理论的指引，翻译批评在相当长的时期内一直处于非理性状态，往往拘泥于'技'的层面的探讨，被局限在'挑错式'与否定性的评价中，甚至被简约为'好'与'坏'的评判，这就使得部分学者质疑翻译批评是否具有专门的研究领域和系统的研究对象，翻译批评的必要性与迫切性也就始终没有得到译学界足够的重视"②。因此，他多次强调翻译批评应加强自身的理论建设。贝尔曼则

---

① Berman, A. *Pour une critique des traduction: John Donne*. Paris: Editions Gallimard, 1995: 58.
② 刘云虹，许钧. 翻译批评与翻译理论建构——关于翻译批评的对谈. 外国语，2014(4)：2.

提出，翻译批评应是"一种自省的、以自身特性为批评主体的并因此能产生自身方法论的评论形式；它不仅产生自身的方法论，而且还寻求将该方法论建立在有关语言、文本和翻译的明晰的理论之上"①。两位学者明确意识到翻译批评理论建设的重要性，身体力行地从翻译批评实践出发展开翻译批评研究，致力于翻译批评理论体系的构建。为此，必须对翻译批评有充分的认识与深刻的理解。只有深入把握翻译批评的本质，才有可能为翻译批评提供一条科学、合理的路径。针对翻译批评本质这一问题，许钧指出，我国翻译批评存在"随意性"和"浅表性"两个特点，其必然结果就是翻译批评的"片面性"，而这些问题产生的一个最根本的原因就在于"对何为翻译批评的认识不清"②。鉴于此，许钧借助美国比较文学家、文学批评史家雷纳·韦勒克对"批评"一词的理解与界定，区分了广义的翻译批评与狭义的翻译批评。他认为，"从广义上讲，翻译批评就是'理解翻译与评价翻译'；从狭义上讲，翻译批评是对翻译活动的理性反思与评价，既包括对翻译现象、翻译文本的具体评价，也包括对翻译本质、过程、技巧、手段、作用、影响的总体评析"③。通过这样的界定，他不仅厘清了翻译批评的根本属性，即理解与评价，并且明确提出翻译批评应立足文本又超越文本，

---

① Berman, A. *Pour une critique des traductions: John Donne*. Paris: Editions Gallimard, 1995: 45.
② 许钧. 文学翻译批评研究（增订本）. 南京：译林出版社，2012：196.
③ 许钧. 文学翻译批评研究（增订本）. 南京：译林出版社，2012：197.

对文本之外的翻译现象，对翻译的根本性问题都要深入关注，真正展现批评的建构性和导向性作用。在对于"何为翻译批评"的理性思考中，许钧特别强调两个方面：一是他提出"建立一定的翻译价值观是进行翻译批评的基础"①，也就是说翻译价值观的形成，是翻译批评的科学性与合理性的基本保障；二是他认为翻译批评的目的"并不仅仅在于对具体译作或译法作裁判性的是非判别，更在于对翻译活动何以进行、如何进行加以反思与检讨"②。这一点与贝尔曼的主张不谋而合，在贝尔曼看来，梅肖尼克的介入批评之所以无法承载翻译批评的全部意义，其根本原因就在于它局限于简单的是非评价，而缺少对翻译内在成因的深入探析。

何为翻译批评？就贝尔曼而言，这同样是他在构建翻译批评理论体系中首先要回答的问题，也是在为翻译批评提供一个可操作的方案前迫切需要澄清的问题。因为，"翻译批评"这一概念本身就面临"批评"与"翻译"两方面的危险，"批评"一词固有的否定性以及人们对翻译活动的所谓"附属性"和"缺陷性"的成见导致翻译批评无法获得其应有之名。对此，贝尔曼旗帜鲜明地指出，"批评是肯定性的，并且这种肯定性是批评的真理所在：任何纯粹否定的批评都不是真正的批评"③。在他

① 许钧. 文学翻译批评研究（增订本）. 南京：译林出版社，2012：200-201.
② 许钧. 文学翻译批评研究（增订本）. 南京：译林出版社，2012：197.
③ Berman, A. *Pour une critique des traductions: John Donne*. Paris: Editions Gallimard, 1995: 38.

看来，批评绝不是作品的附庸，而是应作品的需要和呼唤产生，它"服务于作品，使其得以延续与阐明，也服务于读者"①。因此，恰如翻译不应被当作原文"苍白的影像"与"回声"②，翻译批评也远远不是某种附属，而理应成为一种"大写的批评"，与各个时代最伟大的文本批评具有相同地位。贝尔曼认为，翻译批评意味着"对译作进行细致分析，分析其根本特征、其赖以产生的方案与视域，分析译者的立场"，而就根本而言，翻译批评意味着"对翻译真理的揭示"③。

在深刻把握翻译批评本质的基础上，许钧与贝尔曼立足翻译批评的"名"与"实"两大层面，即何为翻译批评及如何进行翻译批评，对翻译批评的本质、价值、原则、方法、标准等根本性问题进行系统性探索，并形成了深刻的翻译批评思想。

从以上论述不难看出，许钧与贝尔曼这两位中西翻译批评界的代表性人物共同致力于翻译批评理论建设，在研究的实践基础、理论的系统构建及关注的重点等方面呈现出明显的共性。这样的契合不仅体现了两位学者在翻译批评研究中不约而同的努力与追求，更彰显出中西译学界在翻译批评研究领域有着共通之处。就以上提到的从翻译实践出发开展翻译批评、从翻译

---

① Berman, A. *Pour une critique des traductions: John Donne*. Paris: Editions Gallimard, 1995: 13.
② Berman, A. *Pour une critique des traductions: John Donne*. Paris: Editions Gallimard, 1995: 92.
③ Berman, A. *Pour une critique des traductions: John Donne*. Paris: Editions Gallimard, 1995: 13-14.

批评现状出发拓展翻译批评理论途径、从把握本质出发构建翻译批评理论体系这三方面而言，两位学者的研究共性也揭示出翻译批评研究的基点与核心内容，对深化翻译批评研究具有重要的导向作用。若进一步深入分析，还可以发现中西翻译批评研究中另外两个同样不容忽视的共通点：

一是主张翻译批评必须深入考察翻译过程。翻译批评的对象自然是翻译，但这里的翻译不仅指翻译的静态结果，即文本，也应包括翻译的动态过程，所谓知其然，更要知其所以然。若仅仅停留于文本的对比分析，即便分析得再仔细、再全面，也无法成为科学意义上的翻译批评。局限于对翻译结果的考察，而缺少对翻译过程中译者的翻译动机与翻译选择的深入关注，这样的翻译批评无疑是狭隘而片面的。在各自对翻译批评的探索中，许钧和贝尔曼都特别重视这一点。许钧为翻译批评提出的第一条原则便是"重视对翻译过程的深刻剖析"，他进一步指出，"注意对翻译过程的剖析，不仅能够帮助阐发翻译活动本身的规律与价值，赋予翻译批评以指导性意义，而且有助于拓展评论者的视野"，并由此"为批评的合理性提供可能，避免单一的或片面性的评价"。①贝尔曼之所以在构建其翻译批评体系中特别强调对翻译主体的关注并主张将译者置于翻译立场、翻译方案、翻译视域中进行考察，原因也正在于他看到忽略过程、

① 许钧. 文学翻译批评研究. 南京：译林出版社，1992：38.

忽略主体给翻译批评带来的缺陷。

二是强调深入认识与理解翻译活动是翻译批评的基础。许钧坚持认为，翻译批评的开展必须立足于一定的翻译价值观，而"翻译价值观的最终形成，有赖于我们对翻译本质的认识"①。从"批评"这一术语的根本属性来看，翻译批评首先是对翻译的理解，然后才是对翻译的评价，倘若不能正确理解翻译活动并把握其本质，就难以对翻译活动进行科学、理性的评价。贝尔曼之所以严厉批判特拉维夫学派的批评模式，一个根本原因就在于图里等人对"自治性"这一翻译本质特征缺乏深刻把握，以"翻译文学"的概念混淆了文学移植与其中心时刻"翻译"之间的关系。在他看来，对文学翻译的一切分析与评价都应在关于"文学移植"的总体理论中进行，因为，"翻译文学的地位既不是边缘的，也不是中心的"②，实际上，"翻译文学并非融合于本土文学"，"而是构成一个单独的、自治的区域"③。

三、从特性看中西翻译批评研究的互补

许钧和贝尔曼这两位中西翻译批评界最具代表性的学者，

---

① 许钧. 文学翻译批评研究（增订本）. 南京：译林出版社，2012：192.
② Berman, A. *Pour une critique des traductions: John Donne*. Paris: Editions Gallimard, 1995: 54.
③ Berman, A. *Pour une critique des traductions: John Donne*. Paris: Editions Gallimard, 1995: 58.

长期致力于翻译批评研究，对翻译批评理论问题进行了系统性探索，展现出诸多共通之处，为推动中西翻译批评研究的发展做出了具有开拓性、引领性的重要贡献，也促使中西翻译批评研究形成共同发展的态势。同时，我们也看到，由于中西翻译研究在理论传统、发展路径等方面的普遍性差异，以及两位学者自身学术研究的背景、视野、侧重点等方面的不同，许钧和贝尔曼的翻译批评研究在共性的基础上也存在某些特性。

1. 基于不同传统的理论资源

绵延千年的佛经翻译是我国翻译史上第一个重要的翻译时期，贯穿其间的"文质之争"对当时及后世的翻译理论与实践产生了深远影响，构成我国当代翻译理论研究的一个重要基础。重"文"还是重"质"，这是古往今来翻译活动始终无法回避的两难困境。在这一背景下，许钧看到，就当代翻译批评研究而言，直译与意译、形与神、归化与异化等诸多二元对立的难题仍然存在并不断引发争议，导致"人们在两难的选择中陷入矛盾的重重漩涡之中"①。我们知道，考察与评价翻译的最基本的标准之一是忠实。可"忠实"与"叛逆"同样是一对难以化解的矛盾，况且，对于更接近艺术活动的文学翻译来说，其显著的再创造特征往往将译者置于顾此失彼的困境。译者如何在克服差异与表现差异的双重目标中寻求平衡？对此，在深入探讨

---

① 许钧. 翻译论. 武汉：湖北教育出版社，2003：256.

可译与不可译、异与同、形与神等翻译活动遭遇的根本性矛盾的基础上，许钧提出应充分关注文学翻译中主体的再创造，尤其要深刻认识再创造中的"度"的问题，并从辩证的角度强调翻译活动应"把握分寸，尽量做到公允"，也就是说要尽可能"在忠诚中显出创造，创造中又不偏离"。①立足这一认识，他在《文学翻译批评研究》中就如何把握文学翻译再创造的度进行了深入思考，并提出应着重处理好四个方面的关系：一是积极与消极的关系，即文学翻译再创造必须遵循积极性原则，因为目的明确，行为积极，就有助于探索各种行之有效的手段，转达原作韵味及妙处；二是整体与局部关系，提出翻译中应坚持局部服从整体的原则，再现文学作品的整体效果，力求译文风格统一，意境和谐；三是创新与规范的关系，主张翻译中应该既不辱翻译使命，又要了解与尊重目的语读者的审美习惯，做到既避免强加于读者，又做些引导工作，不要一味迎合读者的需要，走向贫乏或庸俗的极端；四是客观与主观的关系，强调翻译中要力戒主观随意性，避免脱离原文的自由发挥。②同时，他特别看到翻译活动是"一个复杂的多层次活动"③，思维、语义和美学三大层次中的诸多要素都会作用于翻译过程中的再创造，为翻译与翻译评价带来重重困难。因此，他主张在认识、理解与

---

① 许钧. 文学翻译批评研究. 南京：译林出版社，1992：26-27.
② 许钧. 文学翻译批评研究. 南京：译林出版社，1992：27-31.
③ 许钧. 文学翻译批评研究. 南京：译林出版社，1992：166.

评价翻译活动中，"首先要避免认识的简单化，把文字形象的再现仅仅视作语言修辞层面的操作；其次要力戒评价的片面性及忽视这一活动的整体性效果；再次要注意各种因素的综合衡量，尤其是译者的创造性和读者的无形参与因素"①。或许无法断言我国佛经翻译中的"文质之争"对许钧的直接影响，但不难发现，许钧对翻译矛盾问题的敏感和关注与中国传统译论有着割不断的联系，而他的观点与东晋高僧慧远在"文质之争"中秉持的"以裁厥中"的主张更是一脉相承。慧远认为，翻译时既不能"以文应质"，也不能"以质应文"，而应"简繁理秽，以详其中，令质文有体，义无所越"②，所谓"义无所越"就是说翻译中必须掌握一定的分寸和尺度。翻译中把握再创造的度，评价中遵循整体性的综合衡量原则，这两方面相辅相成，既有助于化解翻译面临的种种矛盾对立，也有助于深刻认识翻译的创造性与局限性，在此基础上对翻译进行客观评价，并拓展翻译的可为空间。

贝尔曼的翻译研究体现出深厚的哲学底蕴，他从西方哲学研究中汲取灵感，将诸多哲学概念与观点融会贯通，构建了兼具思辨性与实证性的翻译思想体系。在翻译批评研究领域，他的相关思考受到现代阐释学直接而深刻的影响，在《翻译批评

---

① 许钧. 文学翻译批评研究. 南京：译林出版社，1992：166.
② 慧远. 大智论钞序//罗新璋，陈应年. 翻译论集（修订本）. 北京：商务印书馆，2009：52.

论：约翰·多恩》一书的引言中，他明确表示，"我的批评计划基于保罗·利科和汉斯·罗伯特·姚斯在海德格尔的《存在与时间》基础上发展的阐释学"①。现代阐释学认为，"通过文字固定下来的东西已经同它的起源和原作者的关联相脱离，并向新的关系积极地开放"②，因此，理解不是一种复制，而始终是一种创造性行为。同样，如德里达所言，翻译也不可能是"镜像"或"拷贝"③，翻译活动的本质决定它必定面临文本、意义与理解之间的复杂关系，也必然是一种以创造性为根本属性之一的行为。在这里，贝尔曼看到了现代阐释学与翻译思考的契合之处。借此，贝尔曼为翻译批评研究展开了一个极为重要的维度：寻找译者，并力图以此消解长期存在的忠实于原作与适应目的语语言文化之间的矛盾对立。他指出，面对"译者是谁"这一核心问题，我们可以设想出种种提问，例如：译者是职业翻译家还是从事翻译相关行业的业余翻译家？他除了翻译之外是否进行纯粹意义上的创作？他通常翻译的是哪些类型的作品？他的语言和文学层次如何？等等。但这些问题"可能只是纯粹的'信息'"，翻译批评者对翻译主体的考察必须走得更远，必须

---

① Berman, A. *Pour une critique des traductions: John Donne*. Paris: Editions Gallimard, 1995: 15.
② 伽达默尔. 真理与方法——哲学诠释学的基本特征. 洪汉鼎，译. 上海：上海译文出版社，1999：505.
③ 德里达. 巴别塔. 陈永国，译//陈永国. 翻译与后现代性. 北京：中国人民大学出版社，2005：24.

细致分析并揭示译者的"翻译立场、翻译方案与翻译视域"①。在贝尔曼看来，任何译者都与其翻译活动之间保持一种特别的联系，也就是说，"对翻译行为及其意义、目的、形式与方式具有某种'理解'与'认识'"。因此，翻译立场就是"译者作为受制于翻译冲动的主体对翻译任务的认知方式，以及他'内化'关于翻译的环境话语的方式这两者之间的'妥协'"。②同时，译者的翻译立场还与他的语言立场相关，贝尔曼指出，"如果我们能同时考察译者的翻译立场、语言立场与文字立场，那么一种'翻译主体理论'将成为可能"③。关于翻译方案，他指出，"任何翻译都是由一种方案支撑的"，而翻译方案"取决于翻译立场和不同原作提出的特别要求"，从目标来看，"翻译方案一方面决定译者将以何种方式完成文学移植，另一方面也保证翻译本身的完成，即译者选择什么样的翻译策略和方法"。④贝尔曼认为，无论是翻译立场还是翻译方案，都被包含于一种"视域"之中。翻译视域可以被大致界定为"所有'决定'译者所感、所为、所思的一切语言、文学、文化与历史因素"⑤。因此，"视域"具有双重性质，一方面，它为译者开启了行动空间，但另

① Berman, A. *Pour une critique des traductions: John Donne*. Paris: Editions Gallimard, 1995: 73-74.
② Berman, A. *Pour une critique des traductions: John Donne*. Paris: Editions Gallimard, 1995: 74-75.
③ Berman, A. *Pour une critique des traductions: John Donne*. Paris: Editions Gallimard, 1995: 75.
④ Berman, A. *Pour une critique des traductions: John Donne*. Paris: Editions Gallimard, 1995: 76.
⑤ Berman, A. *Pour une critique des traductions: John Donne*. Paris: Editions Gallimard, 1995: 79.

一方面，它又将译者限制在一个有限可能性的范围内。借助现代阐释学的这一重要概念，贝尔曼力求避免任何绝对的价值判断，在辩证对立中把握翻译维度：它既是客观的也是主观的，既是有限的也是开放的。

2. 各有侧重的翻译批评标准

开展翻译批评，必须依据一定的标准。倘若没有标准作为参照和评价尺度，翻译批评就有可能失去方向，甚至沦为依赖个人趣味和个体主观体验的纯感性判断，而无法彰显批评的理性力量。在翻译批评理论的体系化建设中，许钧和贝尔曼都非常重视翻译批评标准问题，但思考路径和着眼点等方面却存在显著差异。在《文学翻译批评研究（增订本）》中，许钧对翻译批评标准专门进行了探讨。在他看来，尽管一个"公认的客观标准"不可能完全成立，"但是随着翻译理论的基本问题被进一步地澄清（这本身就需要翻译批评的推动），在一定的历史时期，就某一个问题，一个为大多数译家所接受的、能动的价值取向却可望达到相对的统一"①。在此，许钧不仅看到确立具有普遍意义的标准的必要性与可行性，同时着重强调了翻译批评标准的历史发展性。在他看来，翻译批评反对一切僵化的、绝对的价值判断，评价标准不能是某种一成不变的僵化，也不能是某种非黑即白的绝对，否则将对开展科学、合理、有效的翻译批

① 许钧. 文学翻译批评研究（增订本）. 南京：译林出版社，2012：202-203.

评造成阻碍。这一观点实际上与许钧对翻译本质和翻译批评本质的深刻把握密切相关，他认为，在对翻译的认识与理解中，应树立明确的历史价值观，尤其"要从历史的角度来看翻译的可能性"，原因在于"翻译作为跨文化的人类交际活动，有着不可避免的历史局限性。就具体的翻译活动而言，无论对原文的理解还是阐释，都不是一个译者一次就能彻底完成的"。①因此，考察翻译，应有意识地"从历史的发展来看翻译活动的不断丰富的内涵和不断扩大的可能性"②。作为对翻译的理解与评价，翻译批评所采取的标准也不可能是永恒不变的，而是处于不断发展、不断完善的动态过程中。他明确提出，"翻译批评标准应有一定的规范性，标准的建立应全面考虑翻译的目的、作用，且应以一定的翻译价值观为基础，同时，应该认识到翻译批评标准是多元且动态发展的"③。正是由于对翻译批评标准的历史发展性的深刻把握，许钧对我国传统译论中的"信达雅"说有着清醒的认识。针对国内译学界围绕"信达雅"翻译标准是否过时的长期争论，他敏锐地看到，在理论界备受质疑的"信达雅"在实践领域却拥有强大的生命力与深远的影响力，究其原因，他认为，对"信达雅"的信奉不是盲目的，更不是所谓需要破除的"迷信"，相比于其他林林总总各具特色的翻译标准，

① 许钧. 文学翻译批评研究（增订本）. 南京：译林出版社，2012：191.
② 许钧. 文学翻译批评研究（增订本）. 南京：译林出版社，2012：191.
③ 许钧. 文学翻译批评研究（增订本）. 南京：译林出版社，2012：202-203.

"它更为深刻、全面、简明，实践针对性和可操作性强也更强"①。他明确指出，"'信达雅'没有过时，关键在于要根据时代要求，注入新的活力，赋予新的内涵"②。

翻译批评标准的确立也是贝尔曼的翻译批评体系中的重要一环。贝尔曼以翻译主体为支点，借助翻译诗学，尤其是翻译伦理研究，建立了翻译批评的双重标准：诗学标准与伦理标准。诗学标准着重衡量译者是否完成一项真正的文本工作，该工作是否与原作的文本特性有较为密切的关联。也就是说，考察译文能否"立得住"③，能否通过统一的节奏、连贯的风格、和谐的体系展现诗学所要求的文本的内在生命力。贝尔曼强调，译者必须在"翻译—创造"中以"完成作品"为追求。如果说诗学标准针对目的语和译作而言，伦理标准则指向出发语和原作。对伦理标准的关注源于贝尔曼对翻译伦理问题的深入探索。作为西方翻译伦理研究的开创者，贝尔曼主张遵循"尊重他异性"的翻译伦理。他清醒地看到，翻译自身的最终目标在于"在书写层面与他者展开某种联系，通过异域的媒介来丰富自我"④。基于这一认识，他明确提出，"翻译的伦理行为在于把'他者'

① 刘云虹，许钧. 理论的创新与实践的支点——翻译标准"信达雅"的实践再审视. 中国翻译，2010(5)：18.
② 许钧. 生命之轻与翻译之重. 北京：文化艺术出版社，2007：140.
③ Berman, A. *Pour une critique des traductions: John Donne*. Paris: Editions Gallimard, 1995: 65.
④ Berman, A. *L'Epreuve de l'étranger*. Paris: Editions Gallimard, 1984: 16.

当作'他者'来承认和接受"①。因此，贝尔曼认为，在翻译批评的语境中，伦理标准"在于尊重，或更确切地说，在于对原作的某种尊重"②。借用法国学者让-伊夫·马松的话，他进一步指出，"如果译者尊重原作，那么他能够甚至必须与原作进行对话，以平等的姿态昂首面对它"③。尊重并不意味着译者的隐身，也不意味着对原作文字的"臣服"，译文应当被视为"对原作的一种馈赠"④。在贝尔曼看来，诗学和伦理的双重标准先要保证译文与原文及其语言之间的呼应与交流，同时也保证在目的语语言中进行再创造，从而以一部真正的作品来实现对原作生命力的延续、拓展与丰富。

从以上分析可以看到，许钧和贝尔曼立足于中西方不同的理论传统，因循各自的探索路径，对翻译批评的一系列重要问题进行了各具特色的探讨和论述。面对长期困扰翻译与翻译批评研究的诸多二元对立的矛盾，许钧看到翻译再创造中尺度与分寸的重要性，提出应深入关注文学翻译再创造的度的问题，同时也深刻认识到翻译的局限性，主张通过翻译批评拓展翻译的可能性；贝尔曼则注重对翻译主体的考察，并富有洞察力地

---

① Berman, A. *La traduction et la lettre ou L'auberge du lointain*. Paris: Editions du Seuil, 1999: 74.
② Berman, A. *Pour une critique des traductions: John Donne*. Paris: Editions Gallimard, 1995: 92.
③ Berman, A. *Pour une critique des traductions: John Donne*. Paris: Editions Gallimard, 1995: 92.
④ Berman, A. *Pour une critique des traductions: John Donne*. Paris: Editions Gallimard, 1995: 92.

提出"走向译者"的具体路径。在致力于探索翻译批评标准的过程中，许钧着重强调批评标准的历史性和发展性，贝尔曼则着眼于诗学标准与伦理标准两个方面的融合。两位学者的探索互为补充，在共同揭示翻译批评研究核心问题的基础上，各自以不同的方式拓展了翻译批评研究的视野，丰富了翻译批评研究的内涵。

四、结　语

翻译批评的重要性不言而喻，然而，翻译批评发展较为滞后在国内外译学界都是不争的事实。所幸，以许钧、贝尔曼为代表的中外翻译研究者不懈探索，逐步推动翻译批评研究从稚嫩走向成熟，从零散走向系统。中西翻译批评研究既有共性也有特性，既相互契合又互为补充，共同为翻译批评建设贡献智慧和力量。当前，翻译在路径、形式、功能与目标等方面都发生着深刻变化，翻译批评研究也亟待不断创新。例如，已有的翻译批评研究成果绝大多数以文学翻译为思考对象，对于非文学翻译的批评有待学界予以深入关注；此外，在目前信息技术与翻译科技迅猛发展的背景下，科技与人文学科交叉与融合的趋势日益显著，促使翻译研究途径发生了重要的变革，翻译批评也应与时俱进，借助语料库技术、键盘记录和眼动仪技术等手段，充分发挥翻译过程实证研究在翻译批评领域的作用。翻译批评任重道远，唯有不断立足翻译实践，加强翻译批评研究，才能推动翻译批评更好地发挥自身作用，促进翻译事业的理性与繁荣发展。

（原载于《中国外语》2020 年第 6 期）

翻译之路，是一条弘扬优秀文化、丰富世界文明、促进中外交流、拓展精神疆域、驱动思想创新之路。

翻译研究的创新与求真

——《关于翻译的新思考》评析

一、引　言

　　创新是学术研究深化与学科发展的驱动力。在新的历史时期，理论创新成为中国学界普遍关注的问题之一，各学科的学者都在不断进行思考与探索，开拓新的可能。译学界当然也不例外，甚至对理论拓展与深化有着更为迫切的诉求。究其原因，至少有两个方面：一是"进入新时代，国家和社会的发展对译学理论研究提出了新的要求——建构具有中国主体性和创新性的译学理论体系"[①]；二是近年来翻译领域正在发生着深刻的变化，新现象、新路径和新问题的出现给译学界带来了诸多困惑，

[①] 蓝红军. 译学理论批评：以批评的思想性推动译学发展——《译道与文心——论译品文录》述评. 中国翻译，2020(2)：71.

也引发了不少争议，要求我们对翻译活动的丰富性与复杂性获得全新、深入的认识，以更好地应对翻译在当下变革时代面临的挑战。在这一背景下，翻译学者们以高度的理论自觉，在学术探索之路执着前行，为推进翻译研究与创新发挥着重要作用。

许钧教授多年来致力于翻译理论建设，不仅身体力行，更倡导引领，为我国翻译学科的发展做出了突出贡献。2020 年 12 月，浙江大学出版社推出浙江大学中华译学馆"中华翻译研究文库"第三辑，其中的《关于翻译的新思考》一书正是许钧近年来致力于翻译理论思考与探索的结晶。据著者在"自序"中所述，书题中的"新"有两层含义，既指时间层面的新成果，书中收录的文章均为近三年多所发表；也指"思考的新拓展，尤其是对于翻译精神与价值的思考"①。而细细研读全书后，我们可以发现，"新"字实际上还蕴含着深层次的意义，即对翻译之真新的探寻、新的揭示。创新与求真，是该书的显著特征，也诠释了许钧在翻译研究中坚持不懈的追求。

二、以问题为导向，在传承与坚守中求创新

学术创新非常重要，但并不容易做到。创新绝不是故弄玄虚，需借助一定的基本条件才有可能实现。真正的学术创新性

---

① 许钧. 关于翻译的新思考. 杭州：浙江大学出版社，2020：2.

思考离不开对历史的观照，人文学科的研究尤其如此，只有在知识的积累与思想的传承中，才谈得上寻求理论上新的突破。对此，许钧持有清醒的认识："理论创新，不是凭空可以做到的，也不是通过对前者的一味否定产生的。从历史发展的角度看，没有继承就没有发展。"①因此，他明确指出，理论创新的可能性之一就在于处理好继承与发展的关系。真正的学术创新性思考也离不开对现实的关注，只有密切关注重大现实问题，以对问题的敏感而激发理性思考，才能把握创新的方向并形成具有独创性的新见。在 30 余年的翻译研究历程中，许钧在翻译的理论、实践、历史和主体等层面②开展了深入探索。作为阶段性翻译理论思考的梳理与总结，《关于翻译的新思考》呈现出许钧学术研究与学术创新的根本路径：观照历史，直面现实，以问题为导向，在传承与坚守中推进理论的拓展和深化。

1. 从翻译本体出发，探究语言问题

语言问题是许钧在翻译研究中深切关注的问题之一。早在 1987 年发表的《论翻译的层次》一文中，他就认识到语言对于翻译活动的重要意义，提出语义层次是翻译的三大层次之一。③在 2003 年出版的《翻译论》中，他从语言意义、语言关系、翻译能力、翻译的语言价值等多个维度，对翻译的语言问题予以

---

① 许钧. 翻译研究之用及其可能的出路. 中国翻译，2012(1)：10.
② 许钧. 关于翻译的新思考. 杭州：浙江大学出版社，2020：2.
③ 许钧. 论翻译的层次. 中国翻译，1987(5)：12-16.

了深入考察。①《关于翻译的新思考》继续将关注的目光投向翻译的栖身之所——语言。翻译与语言具有一种内在的深刻关联，翻译之所以在中华文明演变进程中、在社会变革与发展中发挥先锋作用，其语言价值尤其不能忽视。许钧从历史的角度对五四运动前后的翻译与语言问题进行了反思。在他看来，五四运动的重要使命在于"引进或吸收域外新的思想、新的观念、新的事物"，而"没有语言的革新，不可能产生根本意义上的观念的革新"②，因为"语言的革新是文化革新与思想创新的基础"③。检视五四运动前后翻译在语言革新与思想启蒙关系中所发挥的作用，许钧认为："面对大量的新观念、新事物，若固守旧语，翻译的可能性必大打折扣，且又违背了翻译的初衷，故如梁启超所言，翻译者'不得不出于大胆的创造'，创造新语译新观念，这样便可以具有双重的功效：一是通过翻译扩大语言的实质内容，二是引进新观念、新思路。"④基于这样的认识，他深入剖析了鲁迅在改造语言和革新思维两方面考量中坚持的翻译立场与翻译选择，并敏锐地指出："在语言变革与思想启蒙进程中，翻译的方法具有特殊的意义。"⑤这一创新观点深具启示性，其价值不仅观照历史，更关乎当下。推进翻译的语言层面研究是

---

① 许钧. 翻译论. 武汉：湖北教育出版社，2003.
② 许钧. 关于翻译的新思考. 杭州：浙江大学出版社，2020：40.
③ 许钧. 关于翻译的新思考. 杭州：浙江大学出版社，2020：53.
④ 许钧. 关于翻译的新思考. 杭州：浙江大学出版社，2020：55.
⑤ 许钧. 关于翻译的新思考. 杭州：浙江大学出版社，2020：55.

许钧始终坚持的理论自觉，而观照历史使他对翻译语言问题的重要性获得更深刻的认识。

近些年来，文化转向给翻译研究带来了积极而深远的影响，但翻译研究中逐步出现了泛文化倾向，似乎文化理论可以用来阐释和解决一切翻译问题。许钧对此质疑，认为"如果翻译研究泛化成为文化研究，乃至社会研究、历史研究，那么整个翻译学也就失去了其作为独立学科存在的基础和意义"[①]，并明确主张翻译研究应向其研究对象的本体回归。翻译是一项跨文化交流活动，具有显著的文化属性，但在最根本的意义上它先是一种语言转换。可以说，许钧教授对翻译的语言问题的关注与探究正是对翻译研究本体的回归。但应该看到，他所倡导的翻译研究的"本体性回归"并非将翻译的语言学研究路径与文化研究路径对立起来，而是强调一种理性回归，即"首先是要明确研究对象，对翻译活动的本质属性有深刻的研究和认识"[②]。《关于翻译的新思考》因循这一理念，从语言异质性出发，借助德勒兹对普鲁斯特的语言创造的深刻揭示，就语言与文本新生命的关系展开了富有洞察力的探讨。翻译因"异"而起，语言差异最直接地构成了翻译的必要性。如何处理异质性，是涉及翻译安身立命之本的根本问题。在许钧眼里，"文学创造，是生命的旅行"，在这个意义上他认同德勒兹的观点："一个好作

---

① 许钧. 翻译研究之用及其可能的出路. 中国翻译，2012(1)：9.
② 许钧. 翻译研究之用及其可能的出路. 中国翻译，2012(1)：9.

家想要创造出独具个性的好作品，必须在写作的过程中，让语言'生成—他者'，不断地从语言约定俗成的支配体系的'魔线'中挣脱出来"，因为"生成—他者之旅打开的是思想的空间，是生命的空间，是永远不中止的向未知的探寻"①。他觉察到翻译中语言异质性的保留与传达对拓展原作生命的根本性意义，因而认为在翻译类似于普鲁斯特等作家的作品时，"不能不在语言的深处去把握普鲁斯特语言的独特性，任何无意识或有意识的改变甚至抹去，都是与文学的创造性相背离的，都是对原作生命的扼杀"②。

读《关于翻译的新思考》，我们能体会到语言作为翻译的栖息地，是翻译研究中永远不应也不可能悬置的核心问题。如果说翻译本身的一个重要价值在于促进语言的革新，那么对翻译活动中语言革新问题的探究则能为推动翻译理论创新拓展空间。许钧在这方面的探究和创新并不止于该书所呈现的成果。在刊登于《外国语》2021 年第 1 期的《关于文学翻译的语言问题》一文中，他以敏锐的眼光审视了文学语言的"抗译性"，并就"翻译腔"与"外语性"之间的关系提出了独到见解。③不难发现，他仍在不断推进翻译尤其是文学翻译的语言问题研究，所做的思考也愈加深入。

① 许钧. 关于翻译的新思考. 杭州：浙江大学出版社，2020：101.
② 许钧. 关于翻译的新思考. 杭州：浙江大学出版社，2020：104.
③ 许钧. 关于文学翻译的语言问题. 外国语，2021(1)：91.

2. 立足中外文化双向交流，关注中国文学外译的核心问题

文学与文化译介是当前中国文化"走出去"战略背景下学界普遍关注的一个焦点，也是许钧在翻译研究中深入思考的重要现实问题。《关于翻译的新思考》收录了《当下翻译研究中值得思考的几个问题》《文化译介助推中华文化"走出去"》《以开放包容的心态坚定文化自信》和《译学并重促进文化交流》等多篇相关论文。研读这些文章之后，我们注意到，许钧的思考首先聚焦"中译外"时代语境中翻译活动面临的困惑，比如"翻译应该如何定位？""翻译的价值应该如何认识？""翻译是否应该恪守伦理原则？"[①]。这些大都是关于翻译的根本性问题，在翻译研究领域已得到较为充分的讨论，而著者之所以再次将其问题化，原因在于他清醒地认识到，类似疑问实际上折射出翻译在新的历史时期面临的挑战，需要译学界探寻新的研究路径，重新进行深入审视。问题的提出在某种意义上比问题的解答更为重要，"有问题才能激发思考，有思考才能导向创新。相比可能找到的解答，问题本身或许更具价值，因为问题中包含的疑问与分歧构成了认知不断进展的前提条件"[②]。立足翻译的新特点与新变化，许钧认为，要回应新时代对翻译研究与翻译实践提出的挑战，必须"站在跨文化交流的高度进行思考，以维护文化多样性为目标来考察

---

① 许钧. 关于翻译的新思考. 杭州：浙江大学出版社，2020：3-13.
② 刘云虹. 文学翻译批评事件与翻译理论建构. 外国语，2021(1)：112.

翻译活动的丰富性、复杂性与创造性"①。

维护文化多样性，是许钧始终坚守的翻译价值观。在他看来，"翻译是因人类相互交流的需要而生"，具体来说，"任何一个民族想发展，必须走出封闭的自我，不管你的文化多么辉煌，多么伟大，都不可避免地要与其他文化进行交流，在不断碰撞甚至冲突中，渐渐相互理解，相互交融。而在这样一个过程中，翻译始终起着重要作用"②。这既是对翻译价值的深刻把握，也是对多元文化关系的透彻理解。面对当前文学与文化译介过程中出现的某些功利性的翻译观念与翻译行为，许钧特别强调要警惕对翻译进行单向性定位的不良倾向，也就是"把翻译活动看作一种单向性的活动，只重输出或只重接受，而没有真正以文化双向平等交流为根本目标来思考相关翻译问题"③。

基于这样的认识，许钧在《关于翻译的新思考》中多次论及文化双向交流的重要性，主张中国文学外译活动"要在承认差异、尊重差异的基础上，实现一种真正的双向交流"，因为"这种交流既是不同文化间的相互沟通，更是不同文化间平等而长远的对话与融合"。④中华文化的译介以展示中华文化、推动文明交流互鉴为目标，则更加迫切地需要"以正确的价值观为引

---

① 许钧. 关于翻译的新思考. 杭州：浙江大学出版社，2020：6.
② 许钧. 生命之轻与翻译之重. 北京：文化艺术出版社，2007：236.
③ 刘云虹，许钧. 翻译的定位与翻译价值的把握——关于翻译价值的对谈. 中国翻译，2017(6)：59.
④ 许钧. 关于翻译的新思考. 杭州：浙江大学出版社，2020：12.

领"①。在原载于《人民日报》的《文化译介助推中国文化走出去》一文中，许钧指出："新时期，译介工作要积极适应中华文化走出去的新形势，改变旧的以单向输入为主的文化交流模式，关注并推动中外文化之间的平等双向交流。这既意味着要以开放的心态面对异质文明，积极吸收各国优秀文明成果，认识并弥补本国文化的局限，又意味着中华文化要主动走出国门、融入世界，把优秀文化成果持续有效地介绍给世界，增进世界对中国的了解，维护人类文化的多样性。"②这一观点可以说集中体现了许钧的文化译介思想，对中国文学文化"走出去"背景下的翻译实践与研究具有非常重要的指导意义。

《关于翻译的新思考》一书的内容非常丰富，除了以上两方面，还就翻译的方法、伦理、主体、接受以及译学话语体系建设、翻译教育等多个领域的重要问题开展了深入而富含启迪的探讨，充分体现了许钧教授对翻译理论研究与创新的自觉追求。

三、创新的根本目标在于求真

创新的重要性毋庸置疑，没有创新就难有发展。在《现代性的五个悖论》中，法国学者安托瓦纳·贡巴尼翁却认为"新

---

① 转引自：许钧. 关于翻译的新思考. 杭州：浙江大学出版社，2020：62.
② 许钧. 关于翻译的新思考. 杭州：浙江大学出版社，2020：62-63.

这个词本身就是令人困惑的"①。他援引波德莱尔的话说："现代性，是暂时的、瞬息即逝的，是偶然的，是艺术的一半，而艺术的另一半是永恒的、不变的"②。对"新"质疑，这让他看到艺术的真理在于变与不变的结合，在于新与旧的辩证关系。作为该书的译者，许钧对此表示认同，他在"译后记"中写道："一味求新，只把目光投向未来，有可能走向反面，那就是忽略传统，忽略过去，忽略自身立足的基点，最终而否定自身，丧失自身"③。在学术研究领域，许钧同样反对为创新而创新，反对有可能导致忽略自身终至丧失自身的盲目创新。就翻译研究而言，他明确指出："不断认识自身和理解自身永远是其发展的必然基础和原动力。"④透过《关于翻译的新思考》一书的字里行间，我们真切体会到许钧的观点，对他而言，翻译研究的创新探索始终与对翻译之真的追求紧密相融，翻译理论研究的创新之路就是不断走近翻译真理的过程。

1. 求翻译的本质之真

近年来，针对我国翻译领域出现的新变化和新现象，译学界

---

① 安托瓦纳·贡巴尼翁. 现代性的五个悖论. 许钧，译. 北京：商务印书馆，2018：3.
② 安托瓦纳·贡巴尼翁. 现代性的五个悖论. 许钧，译. 北京：商务印书馆，2018：21.
③ 安托瓦纳·贡巴尼翁. 现代性的五个悖论. 许钧，译. 北京：商务印书馆，2018：171.
④ 刘云虹，许钧. 如何把握翻译的丰富性、复杂性与创造性？——关于翻译本质的对谈. 中国外语，2016(1)：95.

提出应重新为翻译进行定位。很多翻译学者参与相关讨论，从时代发展的要求、跨学科和视觉文化、职业化时代的语言服务等角度对如何重新定位翻译发表了不同观点。在《关于翻译的新思考》中，许钧认为，"新的历史时期，要认识翻译与理解翻译，确实应该关注到翻译路径的变化和文化外译的研究状况"，但思考翻译应如何定位的问题，则必须进一步澄清究竟何为译，其中首要的一点就是"要对翻译有本质的认识"。①随着翻译研究的语言学转向、文化转向，或许还有社会学转向、伦理转向甚至技术转向，学界从不同维度揭示翻译的多种属性。在许钧看来，面对复杂的翻译活动，有必要从多元视角认识翻译，但要想把握翻译的本质特征，就必须先"正确认识符号创造在人类社会中的地位以及对于人类自身发展、社会进步与文化创造的重要贡献"②。在一次关于翻译本质的学术对谈中，他直言："当前译学界对翻译在新时代和新技术下发生变化的关注有其合理的地方，但如果不从翻译的符号转换性和翻译的创造性这个角度出发，对翻译的再认识和重新定位有可能会流于表面。"③

在《翻译论》中，许钧已经阐释了翻译的符号转换性，新的历史语境使他的认识又有了新的拓展。他认为，语言符号是符号的一种，翻译的本质特征就是符号的转换性；符号的创造、

① 许钧. 关于翻译的新思考. 杭州：浙江大学出版社，2020：6.
② 许钧. 关于翻译的新思考. 杭州：浙江大学出版社，2020：6.
③ 刘云虹，许钧. 如何把握翻译的丰富性、复杂性与创造性？——关于翻译本质的对谈. 中国外语，2016(1)：96.

使用与转换是人类存在的一种根本性的方式，经由转换的符号性创造，拓展的是人类的思想疆界，促进的是人类各民族文化之间和各种形态的文化成果之间的交流与发展；通过翻译，人类的文化得以在空间上不断拓展，在时间上不断延续；如此认识翻译，才有可能真正认识翻译的本质，才有可能理解翻译的重要性。①时代在发展，与时代共生的翻译也经历着多方面的重大变化，但其最核心处的本质特征不会改变。在许钧眼中，"翻译是人类存在的根本方式之一"②，而不断追问和揭示翻译的本质之真，关乎的恰恰是翻译自身的存在。

2. 求翻译的精神之真

随着大数据时代翻译科技的高速发展，翻译与机器、技术空前紧密地联系在一起，以翻译为核心的语言服务业得到快速发展，翻译的语言服务功能越来越凸显，在当前学界对翻译的定位中甚至占据着某种主导地位。这一现状引起了许钧的高度重视，在《关于翻译的新思考》中他对此发出了警醒之声："翻译被定位于语言服务的范畴，这种定位容易将翻译的作用归结于工具性……把翻译的作用定位于实用层面，必然导致矮化翻译的结果。"③他深刻地指出，要对翻译进行合理定位，必须区分翻译的精神性与物质性；在物质性方面，彰显翻译的语言服务功能与行

---

① 许钧. 关于新时期翻译与翻译问题的思考. 中国翻译，2015(3)：9.
② 刘云虹，许钧. 如何把握翻译的丰富性、复杂性与创造性？——关于翻译本质的对谈. 中国外语，2016(1)：97.
③ 许钧. 关于翻译的新思考. 杭州：浙江大学出版社，2020：6-7.

业特征；而在精神方面，则应考虑翻译在社会发展、文化传承与交流、思想创造以及国家建设等方面究竟应该发挥怎样的作用、体现怎样的价值。①

对翻译的物质性与精神性的区分,源于许钧对翻译精神的充分认识。2019 年五四运动一百周年之际，他从语言、文学、文化层面就翻译对五四运动的全面影响进行了考察，从中清晰地看到："翻译绝非一种简单的语言转换，而我们理解翻译，也不能仅仅限于工具性的'用'之功能。"②由此他认为，要深层次剖析翻译之于五四运动的意义，必须从翻译精神出发。如果说五四运动中翻译"在语言与文字的革新、文学的现代性与新文化建构等方面产生了深刻影响"，那么从根本上而言，这些作用和影响产生的原因就在于"翻译孕育着'开放'的精神，导向的是思想解放之路"。③而翻译的"开放"精神所蕴含的是求新与创造的精神，在开放中求新，在求新中创造。他深深意识到，翻译精神和"五四运动所追求的文字、文学、文化、道德、思想之'新'之间具有多么深刻的内在的联系"④。回顾改革开放以来中国翻译研究的发展之路，许钧进一步思考翻译的精神意义与价值，指出中国翻译研究砥砺前行，走的是"一条'开放、探索、互动、创新'

① 刘云虹，许钧. 翻译的定位与翻译价值的把握——关于翻译价值的对谈. 中国翻译，2017(6)：58.
② 许钧. 关于翻译的新思考. 杭州：浙江大学出版社，2020：45.
③ 许钧. 关于翻译的新思考. 杭州：浙江大学出版社，2020：46.
④ 许钧. 关于翻译的新思考. 杭州：浙江大学出版社，2020：47.

的发展之路"，因为"开放的精神，就是翻译的精神诉求"。①正
是在这样的精神指引下，翻译力求"打破隔阂，开阔视野，促进
理解与交流，拓展思想疆域，增进不同民族文明的互学互鉴，丰
富与繁荣世界文化"②，彰显自身的价值。

    许钧对翻译精神层面的关注还体现为对翻译家精神世界的
探寻。在他看来，翻译家研究可以从多方面展开，"但有一点必
须明确，正如我们在翻译研究中不应局限于对方法、策略的考
察与评价，对翻译家的研究也不能止于对翻译方法、翻译艺术
的讨论，而应该对翻译家的精神世界有深入的探索"③。带着这
样的认识，许钧对傅雷先生的翻译进行了全面而深入的研究，
发现傅雷在翻译过程中的每一次选择都反映出这位杰出翻译家
的精神之"真"："选择翻译路途时不愿同流合污的'纯真'，选
择翻译文本时'忧国忧民'的'真心'，坚持'神似论'翻译美
学时所表现出的对于原作与原作者的'真实'，以及对于精神生
活与艺术追求的'真挚'。"④作为翻译活动中的能动主体，翻译
家身上的翻译精神是翻译价值得以实现的根本保证。《关于翻译
的新思考》考察了余光中、许渊冲、杨宪益、程抱一、郝运等

---

① 许钧. 改革开放以来中国翻译研究概论（1978—2018）. 武汉：湖北教育
   出版社，2018：524.

② 许钧. 改革开放以来中国翻译研究概论（1978—2018）. 武汉：湖北教育
   出版社，2018：524.

③ 刘云虹，许钧. 走进翻译家的精神世界——关于加强翻译家研究的对谈.
   外国语，2020(1)：80.

④ 许钧，宋学智，胡安江. 傅雷翻译研究. 南京：译林出版社，2016：3.

多位翻译家的精神世界。追随著者的目光，我们可以看到，在余光中先生那里，翻译是"一个相遇、相知与共存的过程"，求"两全之计"的"变通"艺术蕴含着对翻译最深的理解，也蕴含着翻译家最高的追求[①]；在郝运先生那里，视翻译为生命、视翻译品质为生命的不懈追求折射出"一个本色翻译家的精神之光"[②]，彰显其翻译精神与强烈的翻译使命感。

3. 求翻译的价值之真

进入新的历史时期，翻译在服务国家战略、推动社会发展、促进中外文化交流等方面发挥着不可或缺的作用，但这并不必然意味着翻译价值的科学认知和切实彰显。甚至，在围绕中国文学文化"走出去"展开的热烈讨论中，由于各方在翻译方法、翻译标准与原则、翻译传播与接受等诸多问题上的认识差异和观点分歧，加之各界对于中国文学文化是否被误读存在疑问与担忧，翻译的价值受到拷问。捍卫翻译价值，必须持续探究翻译价值，以揭示在一定程度上被模糊或被遮蔽的翻译价值之真。深入研读《关于翻译的新思考》，我们发现许钧对翻译价值的思考主要体现在三个方面。

第一，基于翻译的社会性、文化性、符号转换性、创造性和历史性等本质特征，把握翻译活动含有的社会价值、文化价值、语言价值、创造价值和历史价值。翻译的社会价值主要体

[①] 许钧. 关于翻译的新思考. 杭州：浙江大学出版社，2020：113.
[②] 许钧. 关于翻译的新思考. 杭州：浙江大学出版社，2020：230-231.

现于翻译活动对社会交流与发展的强大推动作用；翻译的文化价值通常表现为跨文化交流中翻译对文化积累与拓展的积极促进作用；翻译的语言价值既在于语言本身的发展，也在于语言变革带来的思想革新；翻译的创造价值突出了翻译在自我与他者的交流、碰撞与融合中为构建新世界所提供的可能；翻译的历史价值彰显了翻译对于推动人类历史发展的实际贡献。①

第二，深入考察中国文学文化外译，强调文学文化译介须以正确的价值观为引领。许钧看到，尽管当前"中译外"引发普遍关注，但却存在一个不容忽视的问题，即"译学界缺乏对翻译的价值观的指导，过分强调翻译活动的实践功能，在中国文学外译与传播的讨论中强调以所谓的实际效果为准绳，忽视对翻译过程的多层面研究以及对翻译价值的深刻认识"②。针对这一问题，他指出，文化译介要以助推中华文化"走出去"为宗旨，而"走出去"的根本目标在于推动中国"平等参与世界文明对话"，以"丰富世界文化、维护文化多样性"③。因此，中华文化的译介者必须树立正确的价值观，并以此"引领中华文化的译介工作，从深层次上展示文化、影响世界"④。

第三，聚焦翻译成果的学术价值，独创性地论述了翻译成果的学术资源价值、知识创新价值和人文关怀价值。这样的思

---

① 许钧. 关于翻译的新思考. 杭州：浙江大学出版社，2020：8-9.
② 许钧. 关于翻译的新思考. 杭州：浙江大学出版社，2020：7.
③ 许钧. 关于翻译的新思考. 杭州：浙江大学出版社，2020：61.
④ 许钧. 关于翻译的新思考. 杭州：浙江大学出版社，2020：62.

考不仅具有关注并力求解决现实问题的实际意义，更深具导向性，引导译学界对翻译价值展开进一步思考与探索。

四、结　语

翻译是一个不断向他者敞开的生成过程，无论翻译实践还是翻译理论思考，都需要开放的精神，需要建构的力量。翻译之路，诚如许钧教授所言，"是一条弘扬优秀文化、丰富世界文明、促进中外交流、拓展精神疆域、驱动思想创新之路"[①]。翻译研究之路，正如《关于翻译的新思考》向我们展现的，是一条坚守与开拓融合、创新与求真并重的探索之路。在当前历史语境下，翻译面临新的机遇和挑战。如何深化与拓展翻译研究，推动翻译事业健康、有序地发展，是译学界应着力思考的重要时代命题。任重道远，无数翻译学者在翻译研究之路上勇往直前，许钧教授便是其中具有突出代表性的一位。他关于翻译的新思考充分表明，翻译研究应探索翻译真理、守护翻译精神与价值、促进思想创新。唯有如此，翻译研究才能担负起时代赋予的历史使命。

（原载于《外语界》2021 年第 3 期）

[①] 许钧. 关于翻译的新思考. 杭州：浙江大学出版社，2020：84.

中華譯學館·中华翻译研究文库

许　钧◎总主编

第一辑

第二辑

第三辑

关于翻译的新思考　许　钧　著

译者主体论　屠国元　著

文学翻译中的修辞认知研究　冯全功　著

文本内外——戴乃迭的中国文学外译与思考　辛红娟　刘园晨　编著

古代中文典籍法译本书目及研究　孙　越　编著

《红楼梦》英译史　赵长江　著

改革开放以来中国当代小说英译研究　吴　赟　著

中国当代小说英译出版研究　王颖冲　著

林语堂著译互文关系研究　李　平　著

林语堂翻译研究　李　平　主编

傅雷与翻译文学经典研究　宋学智　著

昆德拉在中国的翻译、接受与阐释研究　许　方　著

中国翻译硕士教育探索与发展（上卷）　穆　雷　赵军峰　主编

中国翻译硕士教育探索与发展（下卷）　穆　雷　赵军峰　主编

第四辑

中国文学外译的价值取向与文化立场研究　周晓梅　著

海外汉学视域下《道德经》在美国的译介研究　辛红娟　著

江苏文学经典英译主体研究　许　多　著

明清时期西传中国小说英译研究　陈婷婷　著

中国文学译介与传播模式研究：以英译现当代小说为中心　汪宝荣　著

中国文学对外译介与国家形象塑造：*Chinese Literature*（1978—1989）
　　外译研究　乔　洁　著

中国文学译介与中外文学交流：中国当代作家访谈录　高　方　编著

康德哲学术语中译论争历史考察　文　炳　王晓丰　著

20 世纪尤金·奥尼尔戏剧汉译研究　钟　毅　著

译艺与译道——翻译名师访谈录　肖维青　卢巧丹　主编

张柏然翻译思想研究　胡开宝　辛红娟　主编

第五辑

翻译与文学论稿　许　钧　著
翻译选择与翻译出版　李景端　著
翻译教育论　仲伟合　著
翻译基本问题探索:关于翻译与翻译研究的对谈　刘云虹　许　钧　著
翻译研究基本问题:回顾与反思　冯全功　著
翻译修辞学与国家对外话语传播　陈小慰　著
跨学科视角下的应用翻译研究　张慧玉　著
中国网络翻译批评研究　王一多　著
中国特色话语翻译与传播研究　吴　赟　编著
异域"心"声:阳明学在西方的译介与传播研究　辛红娟　费周瑛　主编
翻译文学经典的影响与接受——傅译《约翰·克利斯朵夫》研究
　　（修订本）　宋学智　著